丛书编委会

大家精要
典藏版丛书

简读

嵇康

张 波 著

陕西师范大学出版总社　西安

图书代号　SK24N1857

图书在版编目(CIP)数据

简读嵇康 / 张波著 . — 西安：陕西师范大学出版
总社有限公司，2025.1
（大家精要：典藏版 / 郭齐勇，周晓亮主编）
ISBN 978-7-5695-4258-5

Ⅰ.①简…　Ⅱ.①张…　Ⅲ.①嵇康（224—263）—
人物研究　Ⅳ.① B235.35

中国国家版本馆 CIP 数据核字（2024）第 028282 号

简读嵇康
JIAN DU JI KANG

张　波　著

出 版 人	刘东风
策划编辑	刘　定　陈柳冬雪
责任编辑	舒　敏
责任校对	尹海宏
封面设计	龚心宇　张潇伊
出版发行	陕西师范大学出版总社
	（西安市长安南路 199 号　邮编 710062）
网　　址	http://www.snupg.com
印　　刷	深圳市福圣印刷有限公司
开　　本	889 mm×1194 mm　1/32
印　　张	6.5
插　　页	4
字　　数	118 千
版　　次	2025 年 1 月第 1 版
印　　次	2025 年 1 月第 1 次印刷
书　　号	ISBN 978-7-5695-4258-5
定　　价	49.00 元

目 录

1

第1章

混沌岁月

幼年丧父　母兄抚育

嵇康，字叔夜，谯郡铚县（今安徽宿州西南）人。出生于魏文帝曹丕黄初五年，即公元224年。关于嵇康的生日、具体出生地等，我们今天已经无法得知，只能凭借残存的历史碎片去追寻他的点滴情况。

据《晋书》记载，嵇康家族可以追溯到会稽上虞（今浙江上虞）的奚氏。上虞一户奚氏人家为了躲避仇人的追杀或报复，从南方跋涉北徙，渡过长江，最后定居谯郡铚县的嵇山之侧，因山改姓为嵇。

自居谯以来，嵇家并没有出现显达的人物，嵇康的哥哥嵇喜在《嵇康传》中述及先人，也仅用"家世儒学"来闪烁其词。直到嵇康的父亲嵇昭，嵇家开始略有显达。《嵇氏谱》说："康父昭，字子远，督军粮治书侍御史。"关于嵇昭的生平事迹，我们仅能知道这些。曹魏的治书侍御史，虽然属于中下层的官吏，但是直接掌握着监察弹劾官吏行为的权力，往往为皇帝所信任的人所担任。嵇昭的任务是在军中督办军粮。在战事频繁的三国时期，军粮是战事顺利进行的重要保障，督办军粮责任重大。从嵇昭能担任此职，似乎可以看出，或是出于同乡的原因，抑或是由于个人杰出的能力、忠贞的品质等原因，嵇昭已经深受曹魏皇室的信任。虽然嵇昭的俸禄在六百石左右，但是治书侍御史的美差，加上自己的勤奋经营，他已经积累了足够的财力，并为自己购置一份田园。嵇昭的卒年也未见记载，据嵇康《幽愤诗》和《与山巨源绝交书》的某些内容推测，约在黄初六年（225），嵇康年仅一岁左右仍在襁褓之中时，嵇昭就去世了。

嵇康由母亲与兄长抚育成人，他常常在诗文中提及母兄对自己的慈爱。但是，关于嵇康的生母史书却无记载。

嵇康有兄长二人。长兄已不知其名，但在嵇康的诗文中这位兄长不仅与"母"并称，也往往与"父"并称，如嵇康《答二郭》诗说："昔蒙父兄祚，少得离负荷。"嵇康的长兄在父亲嵇昭殁后，已经能够担当经营家庭的重任，至少长嵇康十余岁。古话说，长兄如父。少年嵇康得到长兄如父亲般的宽容呵护，得以免除生活的负荷，自由无忧地成长。有关其长兄去世的情况，嵇康在《思亲诗》和《与山巨源绝交书》中有一些记载。长兄、母亲的养育之恩、慈爱之情，在二人去世以后，常常让孤独的嵇康潸然泪下，哀不自胜，以诗文排遣内心的悲伤。

仲兄为嵇喜，字公穆。他颇重功名仕途，早年以秀才身份从军，担任过司马、江夏太守、徐州刺史、扬州刺史、太仆、宗正卿等官职。司马是相府的高级幕僚，俸禄一千石，六品官。刺史俸禄二千石，为地方最高长官，五品官。太仆、宗正卿均为皇室内官，三品官。太仆掌管皇室的交通工具，宗正卿负责皇室的事务、名籍图牒等，多由皇族成员担任。《晋书·齐王司马攸传》中记载晋王司马昭去世后，司马攸悲痛绝食，嵇喜劝其进食，并亲自喂食。由此看来，至少在西晋时嵇喜深受司马氏的信任，仕途颇为顺畅，这和嵇康志在逍遥山林的人生选择是迥然不同的。可能出自这种原因，嵇喜受到嵇康的好友名士吕安、阮籍的嘲讽。《世说新语·简傲》记载吕安去拜访嵇康，恰逢嵇康不在，嵇喜出门迎接他。吕安不仅不进门，而且在门上题了个"凤"字离开，喻指嵇喜为"凡鸟"。阮籍丧母，嵇喜前往吊唁，阮籍讥其为凡俗之士，翻白眼待之。嵇康与嵇喜的关系，大致也只有兄弟之情，没有尊敬爱戴之意；加上，二人在精神情趣上并不相契，后来关系似乎并不密切。

由于母亲、长兄的关爱呵护、不加约束，嵇康任性成长，平素生活疏懒散漫，不修边幅，甚至一个月中有十五天不洗头脸，蓬头垢面；除非瘙痒得厉害，才去洗澡；早上贪睡，除非小便憋不住，才肯起床。这种任性的生活习惯也造就了他"直性狭中""刚肠疾恶"的孤傲性格，与"旷迈不群"、追求自由的精神志趣。《晋书·嵇康传》以"土木形骸"形容嵇康的风度。在魏晋的人物品评中，土德指"体端而实"，木德指"骨直而柔"。土木结合形容身材高大，伟岸亮丽，因而时人又称其"风章龙姿"。可见，嵇康是当时公认的俊美男子。《世说新语·容止》说："嵇康身长七尺八寸，风姿特秀。见者叹曰：'萧萧肃肃，爽朗清举。'或云：'肃肃如松下风，高而徐引。'山公曰：'嵇叔夜之为人也，岩岩若孤松之独立；其醉也，巍峨若玉山之将崩。'"山涛以松的高洁、玉的无瑕品题嵇康风度。又有人对王戎说："嵇延祖（即嵇康之子嵇绍）卓卓如野鹤之在鸡群。"王戎不无感慨地说："君未见其父耳！"其意指嵇康的风度更胜于嵇绍。可见，在时人眼里，嵇康亮丽的仪表、高洁的志趣及气质风度均有着巨大的魅力。

任性自学　博览该通

稽喜《嵇康传》记载嵇康"少有俊才，旷迈不群，高亮任性，不修名誉，宽简有大量。学不师授，博洽多闻"。臧荣绪《晋书》也说嵇康"幼有奇才，博览无所不见"。唐修《晋书》亦称"学不师授，博览无不该通"。事实上，一个人的学习与成长离不开先天与后天的因素。聪颖的天资为嵇康的学习与成长提供了先天因素，"少有奇才""幼有奇才"的说法大致是着眼于先天因素讲的；"学不师授""博览无所不见""博览无不该通"则是侧重于后天因素说的。环顾嵇康的时代，不乏少年奇才、怪才，诸如幼而察慧、才辩出众的王弼；敏慧夙成、擅长辨析名理的钟会，等等。与王弼、钟会相比，嵇康缺乏王弼深厚的家学底蕴及钟会优越的家庭教育，走的是"学不师授""不训不师"的任性自学之路。嵇康的这种自学之路，除了与母亲和长兄"有慈无威"的溺爱呵护，任其自由发展有关外，主要是受到时代文化环境的影响。

一是传统经学教育中"师法""家法"松动的影响。自汉武帝定儒学为一尊以来，儒术成为仕进的阶梯，经学成为独尊的显学，儒家经典渗透于政治、文化、人伦日用等各个领域，从国家政策的制定到人伦的规范都需要依据对经典的解释。儒生们把大量的精力集中在对儒家经典的解释上，随之而来，便出现了士人教育中的"师法"和"家法"的问题。实际上，早在《荀子·儒效篇》中就出现了"师法"之说："有师法者人之大宝也，无师法者人之大殃也。"荀子所谓"师"，与汉人无异，均指传授学业的师长；所谓"法"指"制度""礼义"。到了汉代，儒家学者将"师法"观念发展到极致，把老师所教授的内容视为"法"，尊师并尊师之所教，从而使之具有不可违背的权威性。故清儒皮锡瑞《经学历史》评述说："汉人最重师法。师之所传，弟之所受，一字毋敢出入；背师说即不用。"具体而言，必须严格遵循老师诠释经典的章句，重视师承。诸如孟喜起初是师事田王孙学《易》，后"得《易》家候阴阳灾变书"，并加以吸收运用，这样一来就改了田王孙的师法。就因为此事，孟喜未被朝廷录为博士。在以师法为主导的前提下，弟子们又各自发展师说，更为章句，则出现作为不同支流的家法，即所谓"师法之外复有家法，一门之内可别出数家，其要在自成章句"。诸如汉儒说《易》根源于田何，后来出现了施雠、孟喜、梁丘贺等三家之学；说《书》源于伏胜，后来有欧阳生、夏侯胜、夏侯建三家。师法家法的严守，造成了西汉儒家学者执迷章句、支离烦琐的学风。至东汉，经师们又攀附图谶、阴阳灾异，加剧了经学的衰落。然而，随着东汉大一统政权的崩溃，战祸四起，僵化的教育模式受到冲击，师法家法的观念逐步松动。据史载，班固"所学无常师，不为章句，举大义而已"；贾徽曾先后从刘歆、徐恽、谢曼卿等多人受业；王充"好博览而不守章句"；马融"少而好问，学无常师"；郑玄游学近二十年，遍访名师大儒，择善而从，打通今古文；卢植"通古今学，好研精而不守章句"。师法家法的松动，改变了士人对教育模式的认识：人们不必像过去的经生那样负笈求学于固定的名师大儒之门，也可以通过自己博学多闻、勤奋研读而成才。嵇康"不训不师"的任性自学之路，应该是受到这种教育模式转变的影响。

二是名士任情生活态度的影响。汉末魏初，随着儒家大一统思想的瓦解，过去儒家思想中一些僵化的行为准则、仪礼规范、仕进目的等受到前所未有的冲击，一些名士在生活方式的选择、生活情趣的培养方面出现了多元化的倾向，尤其表现出对"越名任心"的生活态度的追求。

三是曹魏政府文化政策的影响。实际上，曹魏政府一贯的文化政策，在曹操时期已经展现了。史载曹操"揽申、商之法"，"其行军用师，大较依孙、吴之法"，"魏武好法术，天下贵刑名"，等等。虽然曹操没有明确地反对儒家思想，但是他在用人政策上，屡次颁布《求贤令》，主张唯才是举，以"才能"而非"德行"作为人才选拔的标准。到了魏文帝曹丕时期，虽然也重视儒学的教化作用，但是主要施行"九品中正制"，强调选用职位（名）与选用人才（实）的相称，即名实相符。在这种选官制度下，经生并不具有获得高官的优势，求师读经的风气自然日渐衰落。在嵇康的少年时期，官办的太学甚至成为青年人逃避兵役徭役的避难所。嵇康的家乡沛谯又是曹魏政府的发迹地，感受到的文化政策应更为明显，其求学也必然不会是追随固定的经师、接受系统的经学训练。

也正是因为"学不师授""不训不师"的求学方式，善于学习的嵇康博综众多才艺，在文学、哲学、艺术等方面均有杰出的造诣。

嵇康不但是一位成就卓著的文学家、思想深邃的哲学家，而且是一位造诣颇深的艺术家。他通晓众多乐器，琴艺、琴道尤佳。琴是嵇康最喜爱的乐器，常不释手，在其诗歌中被反复提及。嵇康的琴技出众，相传曾得到神灵高人的指点。《晋书·嵇康传》记载，嵇康游历洛阳西郊，暮宿华阳亭，夜半独自月下弹琴，忽然有位客人来访，自称是古人。二人先是谈论音律乐理，十分投机。随后，客人要过嵇康的琴，挥手弹了一曲《广陵散》，声调绝伦。客人把此曲教授嵇康，并让他发誓不再传与他人。事毕，客人忽然不见了。《语林》又说，嵇康所见灵异高人，是已故的汉末名士蔡邕。蔡邕听到嵇康的琴声中一根弦的声音不准时，"调之，声更清婉"。故事虽为虚构，但通过神灵或蔡邕传嵇康琴艺，烘托出嵇康琴技的高超，似乎也暗示了嵇康琴技之所以高超是曾得到名家指点和不断地与高明琴师交流的结果。又据宋刘籍《琴议》记载，嵇康曾从曹魏著名音乐家杜夔的儿子杜猛那里学得《广陵散》。嵇康创作的《长清》《短清》《长侧》《短侧》四首琴曲，被称为"嵇氏四弄"，与蔡邕创作的"蔡氏五弄"合称"九弄"，是我国古代一组著名琴曲。隋炀帝曾把弹奏《九弄》作为取士的条件之一，足见其影响之大、成就之高。另相传《玄默》《风入松》《孤馆遇神》等曲也为嵇康所作。

嵇康对琴艺的理解也是深刻的，著有《琴赋》一文。在文中，嵇康认为世间的万物都有着盛衰的转变，而音乐的本性却是不变的；人们对各种美味佳肴也都有着喜好厌腻的变化，而音乐却是百听不倦的。音乐能够帮助人们引导血气，怡养精神，调和性情，即使身处穷困孤寂之时也不会感到忧闷。在众多的乐器中，又以琴的品性为最佳，琴音也最为清逸，这是因为良琴材质与制作都是非凡的。做琴的材料为梧桐佳木，这是树木中的佼佼者，生长在高峻的山崖之上，面向北斗星而挺拔，蕴含着天地间的醇和灵气，吸纳日月的光辉。

除了弹琴之外，嵇康也善啸。啸自东汉以来成为表现名士风度的一种艺术语言。主要是口中卷起舌尖，含住一指或二指而发为高声的音乐技术。嵇康的诗文中常常出现"微啸清风""永啸长吟""啸侣命俦""啸侣长鸣"等诗句。

嵇康还是当时深负盛名的书画家。唐张怀瓘《书断》说："叔夜善书，妙于草制，观其体势，得之自然，意不在乎笔墨，若高逸之士，虽在布衣，有傲然之色。故知临不测之水，使人神清；登万仞之岩，自然意远。"唐韦续也在《墨薮》中说："嵇康书，如抱琴半醉，酣酒高眠。又若众鸟时翔，群乌乍散。"嵇康善书，尤其是草书，其体势肇于自然，天然健美；点画纷披，狂放潇洒，故有"众鸟高翔，群乌乍散"之意象，被张怀瓘《书断》列为"草书妙品"。嵇康也善画，据《历代名画记》载，至唐尚有嵇康的《狮子击象图》和《巢由图》两幅传于世。

嵇康任性自学、"学不师授"，博览该通使其天纵之才迅速得到发展，不仅为其形象增添了许多奇异的色彩，也留给时人及后人永恒的魅力。

喜好老庄　服食养生

一般来说，一个人接受某种思想离不开所处时代的思潮；某种时代思潮的兴起，也必然与社会、政治、文化等氛围有关。少年嵇康思想的形成离不开其所处的时代。

从社会政治环境看，政治斗争、战乱、天灾瘟疫等为老庄思想、服食养生思想的兴起提供了背景条件。东汉和帝以来，皇帝幼弱，统治阶级内部的外戚集团、宦官集团势力剧增，且争权夺利愈演愈烈。先后有窦宪、邓骘、阎显、梁冀、窦武、何进等六大外戚集团惨遭覆灭，连及大量宗族、公卿。桓帝、灵帝之时，两次党锢之祸，祸及李膺、范滂等千余忧国士大夫。自灵帝中平元年（184）黄巾起义后，大规模的战争此伏彼起，不曾间断，数十万生灵惨遭涂炭。曹操曾描绘说："铠甲生虮虱，万姓以死亡。白骨露于野，千里无鸡鸣。生民百遗一，念之断人肠。"自安帝元初六年（119）以来，瘟疫又频频爆发，《后汉书·桓帝记》记载："京师厮舍，死者相枕，郡县阡陌，处处有之。"《五行志》甚至记载："家家有强尸之痛，室室有号泣之哀，或阖门而殪，或举族而丧者。"政治斗争、战乱、瘟疫给整个社会带来前所未有的死亡阴霾，"出门无所见，白骨蔽平原"。

面对着死亡，巨大的恐惧盘踞于人们的心灵深处，人生实在短促，死亡难以避免，士人们不断发出"人生非金石，岂能长寿考""人生寄一世，奄忽若飙尘""天地何长久，人道居之短""对酒当歌，人生几何！譬如朝露，去日苦多"等悲凉的吟叹。时代凄楚的氛围，促使人们寻找精神的寄托，消解人生如幻梦而带来的生命煎熬与踌躇。因此，重视心灵自由、超越生死、与"大化"合一，乃至宣扬隐逸的老庄思想，以及企图通过服食增加生命长度，幻想在神仙世界中得到解脱的思想，成为时代的重要主题。

从学术思想的继承发展看，汉初以来的黄老并提逐步为老庄并称所代替。章太炎《诸子略说》说："黄老并称，始于周末，盛行于汉初。如史称环渊学黄老道德之术；陈丞相少时，好黄帝、老子之术；胶西有盖公善治黄老言；窦太后好黄帝、老子言；王生处士善为黄老言。"不仅在汉初，甚至贯穿两汉，士人普遍言称黄老。《后汉书》中记载了桓帝刘志、楚王刘英、任隗、郑均、杨厚、樊瑞、折像、樊融、矫慎、蔡邕等十余人喜好研习黄老。所谓黄老乃道家的别称，如王充《论衡·自然篇》所说："黄老之操，身中恬淡，其治无为，正身共（恭）已，而阴阳自和，无心于为而物自化，无意于生而物自成。"可见，虽然并称黄老，实际上重在老子，崇尚老子的清静寡欲、韬光晦迹、优游自宁、全身隐逸、无为而无不为等思想。而关于庄子，虽然西汉时，司马迁在《史记》中已为庄子作传，《淮南子》《新论》等书中也存有庄子之语，甚至东汉大儒马融、仲长统等人并举老庄，但从总体上说，汉人仍对庄子持漠视的态度。从严灵峰引辑的汉代《庄子》注疏看，也仅有刘安的《庄子略要》《庄子后解》二书，且作者同为刘安，也有可能是同书异名。然而，到了嵇康的时代，随着经学独尊的局面被打破，家法、师法观念的松动，以及汉末魏初社会政治的混乱、士人朝夕不保的恐惧，重视齐物、逍遥、自然任情，崇尚心灵自由的庄子更容易被士人接受。加上《庄子》中重玄远的哲理思辨，更能引起士人的兴趣，进而道家的称谓也由黄老代称转变为老庄并提。

史称嵇康"长好老、庄"，且嵇康又在诗文中多次说"老子、庄周，吾之师也""猗与庄老，栖迟永年"等等，对老子、庄子极为崇拜，把二人视为膜拜的精神导师。对于老庄的思想，嵇康也有深刻的领会，他说："宁如老聃之清静微妙，守玄抱一乎？将如庄周之齐物变化，洞达而放逸乎？"

老庄思想对嵇康的影响是广泛的，嵇康在诗文中，也广泛引用老子、庄子的语言。这里择要罗列如下：

先看嵇康引用《老子》的语句，诸如：《六言》组诗中"智能用有为，法令滋章寇生"句源自《老子》十八章"慧智出，有大伪"与五十七章的"法令滋彰，盗贼多有"。"镇之以静自正"句源自《老子》五十七章"我好静而民自正"。"生生厚招咎，金玉满堂莫守"句源自《老子》五十章"人之生，动之死地亦十有三。夫何故？以其生生之厚"与九章"金玉满堂，莫之能守"。《赠秀才诗》中"人生寿促，天长地久"句源自《老子》七章"天长地久"。《释私论》中"及吾无身，吾又何患"句源自《老子》十三章"吾所以有大患者，为吾有身，及吾无身，吾有何患"。"措善之情，其所以病也。唯病病，是以不病"句源自《老子》七十一章"夫唯病病，是以不病"。《难宅无吉凶摄生论》中"百姓谓之自然，而不知所以然"句源自《老子》十七章"功成事遂，百姓皆谓我自然"。《养生论》中"清虚静泰，少私寡欲"句源于《老子》十九章"见素抱朴，少私寡欲"。《答难养生论》中"慎微如着，独行众妙之门"源自《老子》一章"玄之又玄，众妙之门"。"明白四达，而无执无为"句源自《老子》十章"明白四达，能无为乎"。《卜疑集》中"方而不制，廉而不割。超世独步，怀玉被褐"源自《老子》五十八章"圣人方而不割，廉而不刿"与七十章"圣人被褐怀玉"。

引用庄子的语句，诸如：《赠秀才诗》组诗中"嘉彼钓叟，得鱼忘筌"句源自《庄子·外物》"筌者所以在鱼，得鱼而忘筌"。"流俗难悟，逐物不还"句源自《庄子·天下》"逐万物而不返"。"万物为一，四海同宅"句源自《庄子·齐物论》"天地与我并生，而万物与我为一"。"安能服御，劳形苦心"句源自《庄子·渔父》"苦心劳形以危其真"。《幽愤诗》中"古人有言，善莫近名"句源自《庄子·养生主》"为善无近名，为恶无近刑"。《重作四言诗》中"遇过而悔，当不自得"句源自《庄子·大宗师》"过而弗悔，当而不自得也"。《答二郭》中"至人存诸己"句源自《庄子·人间世》"古之至人，先存诸己而后存诸人"。《难宅无吉凶摄生论》中"非故隐之，彼非所明"句源自《庄子·齐物论》"彼非所明而明之"。"得无似蟪蛄之议冰耶"句源自《庄子·逍遥游》"蟪蛄不知春秋"与《秋水》"夏虫不可语于冰者"。"智之所知，未若所不知者众也"句源自《庄子·秋水》"计人之所知，不若其所不知"。《养生论》中"和理日济，同乎大顺"句源自《庄子·天地》"是谓玄德，同乎大顺"。《答难养生论》中"圣人不得已而临天下"句源自《庄子·在宥》"君子不得已而临莅天下"。"不以荣华肆志，不以隐约趋俗"句源自《庄子·缮性》"不为轩冕肆志，不为穷约趋俗"。"以其所重而要所轻"源自《庄子·让王》"其所用者重，而所要者轻也"。"修身以明污，显智以惊愚"源自《庄子·山木》"饰知以惊愚，修身以明污"。"俯仰之间，已再抚宇宙之外者"句源自《庄子·在宥》"其疾俯仰之间而再抚四海之外者"。"朝菌无以知晦朔"句源自《庄子·逍遥游》"朝菌不知晦朔"。"得志者，非轩冕也"句源自《庄子·缮性》"古之所谓得志者，非轩冕之谓也"。"去累除害，与彼更生"句源自《庄子·达生》"无累则正平，正平则与彼更生"。《声无哀乐论》中"岂复知吹万不同，而使其自己哉"句源自《庄子·齐物论》"夫吹万不同，而使其自己也"。"吾谓能反三隅者，得意而忘言"句源自《庄子·外物》"言者所以在意，得意而忘言"。《与山巨源绝交书》中"恐足下羞庖人之独割，引尸祝以自助"句源自《庄子·逍遥游》"庖人虽不治庖，尸祝不越樽俎而代之矣"。

此外，嵇康还在诗文中广泛吸取《庄子》中的寓言故事。诸如嵇康诗歌中说"郢人逝矣，谁可尽言""郢人忽已逝，匠石寝不言""郢人审匠石，钟子识伯牙""郢人既没，谁为吾质"等，实为化用《庄子·徐无鬼》中郢人漫垩，匠石挥斧的故事。"斥鷃擅蒿林，仰笑神凤飞"则化用了《庄子·逍遥游》中斥鷃笑大鹏的寓言。"泽雉虽饥，不愿园林"化用了《庄子·养生主》中"泽雉十步一啄，百步一饮，不蕲蓄乎樊中"的寓言。

由此可见，嵇康对老、庄典籍是十分熟稔的，而且理解很深刻，这对嵇康的思想、兴趣与名士风度的形成都起了重要的作用。

《晋书·嵇康传》记载嵇康"常修养性服食之事"，这与他对老庄的理解有密不可分的关系。老子认为养生贵在自然无为，提出了养生的两个基本原则，即无为和虚静。老子说："圣人处无为之事，行不言之教。万物作焉而不辞；生而不有，为而不恃，功成而弗居。"又说："人法地，地法天，天法道，道法自然。""道"以无为、自然而然为其本质。遵循自然无为，事物才能按自身规律正常发展，社会才能按自身规律正常发展，人也是如此才能健康生活。而那些缤纷的色彩往往使人们眼花缭乱，纷杂的音调往往使人们听觉不敏，美食饱餍往往使人们舌不知味，纵情田猎往往使人们心灵放荡，稀有的货物往往使人们行为不轨，所以遵循自然无为的生活需要"虚静"，即摆脱物欲束缚，保持心灵的恬淡宁静。人们能够清心寡欲，就会体泰神清、内心知足；内心知足，欲望便不会滋生，自然可获得健身延年。

庄子的养生之道包括"养形"与"养神"两个方面。"形"指人生命存在的物质因素；"神"指人生命存在的精神因素。他说："养形必先之以物，物有余而形不养者有之矣。有生必先无离形，形不离而生亡者有之矣。"养形离不开物质，包括各种各样的生活物质。但是，过分去追求生活物质又会违背自然，劳累形体。因此，应该"依乎天理，因其固然"，像庖丁解牛那样，顺应自然规律以处理人与外物的关系，不要拼命追求外物，要避开是非与矛盾的纠缠。这也是庄子所说的："缘督以为经，可以保身，可以全生，可以养亲，可以尽年。"督脉居人身之中，不偏不倚，以此作为行事的准则，自然可以健康长寿，颐养"天年"。同时，庄子又认为贵、富、显、严、名、利六者，容易扰乱人的意志；容、动、色、理、气、意六者，容易束缚人的心灵；恶、欲、喜、怒、哀、乐六者，容易影响人的品德；去、就、取、予、知、能六者，容易阻塞人的大道。如果能除去此"四六"，心灵便会虚静恬淡，忘我无欲，涵养性情，不为物累，也就达到了"养神"的目的。老子、庄子这种顺和自然、追求内心清静无累的养生之道，对嵇康有深刻的启发。嵇康的"养性"之道，就是主张"性命之理，因辅养以通"。嵇康强调"养"对养生延年的重要性，认为养生必须"清虚静泰，少私寡欲"，而追求名誉地位则会伤损德性，贪享美味佳肴则会危害淳清的人性，牵挂身外之物则会伤累心神。可见，嵇康与老庄的养生思想是一脉相承，反对"役身以物，丧志于欲"，摒弃妨碍身体与心性的物欲享受，"远害生之具，御益性之物"，追求"无为自得，体妙心玄"的养生之道。

　　服食各种药石是魏晋时期养生延年的重要途径。生活在战乱不断、瘟疫流行、生命如飞蓬的时代，通过服食养生，也是对转瞬即逝的生命的一种珍视。《博物志》曾列举了曹操服用野葛、鸩酒之事。野葛、鸩酒虽为剧毒之药，服用适量，导引发散得当，可以收到以毒攻毒、养生健体的效果。大名士何晏因体弱多病，经常按汉代流传下来的寒食散药方服食，也颇有效验。寒食散又名五石散，主要由紫石英、白石英、赤石脂、钟乳、石硫黄五种矿石合制，又杂以人参、白术、桔梗、防风等草药。其药性甚为剧烈，毒性甚大，服用后一旦调节失宜，便会引发多种疾病。因而，服过寒食散，必须通过活动，散发药力。魏晋人最常见的散发药力的活动是散步，又称"行散"。据说服食寒食散后，身体会出现虱子增多、瘙痒不已、心闷不断等显著特征。受时代的影响，嵇康十分注重服食养生，他在《与山巨源绝交书》中叙述自己"性复多虱，把搔无已""心闷疾，顷转增笃"，这很有可能是服食寒食散后带来的身体变化。嵇康对各种药物的属性也相当熟悉，他认为："所食之气，蒸性染身，莫不相应。"人们吃的食物往往有熏陶情志，改变形体的作用。"流泉甘醴、琼蕊玉英、金丹石菌、紫芝黄精"这类药是上药，广集灵气内含精淳，独自繁育生成，纯正香味难以消歇，和顺之气遍体充盈，能够涤洁人的五脏，使之疏朗通畅；也能够陶冶人的形体改易性情，洗涤人心中的世间尘垢。嵇康又认为："蒸以灵芝，润以醴泉，晞以朝阳，绥以五弦。"用今日科学的眼光来看，嵇康的论说也是有科学道理的：灵芝药补，甘泉沐浴及日光浴，都有助于养生健体。灵芝是中药中的上品，具有扶正固本，增强免疫功能，提高机体抵抗力的作用。所治之病种涉及呼吸、循环、消化、神经、内分泌及运动等各个系统；涵盖内、外、妇、儿、五官各科疾病。尤其对癌症、糖尿病、神经衰弱、高血压和心脑血管等疾病都有明显的治疗和保健作用。甘泉所含盐、铁、硫等人体所需的各种矿物质，可以起到增强免疫、健身防病的作用。日光浴则充分利用了日光的作用。日光中含有紫外线、红外线和可见光。人体进行日光浴时，在三种光线的照射下，可以产生很多有益的生理作用。紫外线能够杀死皮肤表面上的细菌，改善体内的糖代谢；红外线可以增加皮肤的温度，改善皮肤的血液循环，对皮肤组织生长、关节肿痛的治疗均有益处；可见光有一定的镇静、止痛、解痉作用。从总体看，日光浴对改善人体的新陈代谢、增进食欲、提高机体的抗病能力等，都是很有帮助的。

综上可知，嵇康谙熟服食养生之法，通过服食药物，嵇康得到的不仅是药物的效验，也有精神上的愉悦。诸如他在《五言诗》中说："沧水澡五藏，变化忽若神，姮娥进妙药，毛羽翕光新。一纵发开阳，俯视当路人。"

第2章

初涉世事

知音难期　每思郢人

　　嵇康的少年、青年时代主要在河内郡山阳县（今属河南焦作）度过。山阳是个山明水秀的地方。它北倚太行，南临黄河，东北对嵇山，西南面天门、白鹿二山。县城东北二十里处，从附近山涧潺潺流下的泉水汇聚成一条大河，两岸茂林修竹、佳木荫秀；土地肥沃、阡陌交错。尤其是在春夏之际，河畔翠林成荫，花草盛茂，野禽燕雀竞相出没。河中碧荷香溢，随风飘散，水光云影，情趣盎然。嵇氏的小庄园就隐现在这充满生机的自然山水之间。在这片令人驻足流连的自然佳处，嵇康度过了自己的青少年时期。然而，这个貌似平静的小地方，却是当时重要的交通要道，且距政治文化中心京师洛阳不过百余里，曹魏政治的变化，思想文化的转变很快就会影响到这里的士人。魏明帝曹叡青龙二年（234），东汉末代皇帝献帝刘协病逝。自从汉献帝被迫"禅让"帝位给魏文帝曹丕后，就被封为山阳公，一直居住在山阳。汉献帝的去世，给山阳人带来了各种感叹，或许是悲悯其坎坷的一生，或许是对曹魏政权更充满信心。时年嵇康十一岁。

或许是受从京师洛阳传播而来的时局变化的影响，在嵇康家中，也出现了不平静。略长于嵇康，并与之朝夕相伴的兄长嵇喜选择了仕途之路，以秀才身份入军。

嵇喜的选择给嵇康带来巨大的震动。长期以来，嵇康一直把这位兄长视为密友，连续写了十九首《兄秀才入军赠诗》，在委婉劝阻兄长的同时，抒发了浓郁的亲情与友情。

嵇康回忆过去二人曾经像鸾凤、鸳鸯般自由嬉戏，以及一起乘车、射箭、钓鱼、田猎等美好的时光，反复吟叹兄长的离去，使自己陷入孤寂的痛苦之中。世间的流俗让人贪恋仕进，贪图名利，而那些至德之人追求的是把身心归于自然，视万物为同类，四海之内犹如同处一个宅子之中。在世间纷乱的政治事态中，有多少慷慨悲歌、叱咤风云的英雄豪杰、名士贤达不是死于非命？这不能不让人感慨人生如寄，朝不保夕！与其选择出仕，苟活于这种忧患之中，还不如隐逸于自然山水之间，逍遥自在，所以嵇康说：

> 息徒兰圃，秣马华山。
>
> 流磻平皋，垂纶长川。
>
> 目送归鸿，手挥五弦。
>
> 俯仰自得，游心太玄。
>
> 嘉彼钓叟，得鱼忘筌。
>
> 郢人逝矣，谁与尽言？

嵇喜参军，对嵇康来说是一次痛苦的别离。然而，实际上二人在思想上也开始了分道扬镳。

在日后，嵇康依然坚守自己的信念，寻求理想中的知音，不断重复诉说着类似"郢人逝矣，谁与尽言"等失落彷徨的诗句。

对于嵇康青少年时期的朋友，史书缺乏记载，《晋书·嵇康传》仅仅说"盖其胸怀所寄，以高契难期，每思郢质"。显然，嵇康胸怀所寄托者，是与他同样具有高远志趣的知己与朋友。"高契难期，每思郢质"，即反映了嵇康曲高和寡、知音难寻时的孤独与苦闷。嵇康反复吟咏这个故事，显然饱含着他对知音的渴求、对友情的珍视。

嵇康的孤独，一方面是因为嵇康幼年丧父，母亲与抚养他成人的长兄"有慈无威"，对其教育多不加约束，任其不训不师地自由成长，形成了嵇康独立的人格与远迈不群的气质风度。进而使得嵇康的交友具有非常强的选择性，超越了一般世俗的层次，注重"心交"与"神交"。这或许是当时许多名士择友的取向。嵇康的好友阮籍在其《咏怀诗》中说："被褐怀珠玉，颜闵相与期。"阮籍也渴望能得到孔子高足颜回、闵子骞这样超俗不凡的知音朋友。

另一方面也是时代的病症，使许多名士因无法施展抱负，转向追求内心的高洁，渴望得到心灵上的知音。《晋书》在描述阮籍时，说他"本有济世志"，青年时，曾经漫游各地，驻足广武山头，眺望绵亘不断的层峦秀峰，俯瞰山脚下滚滚黄河水，面对这楚汉分界的"广武涧"，感叹"时无英雄，使竖子成名"；又登临武牢山，观望都城洛阳，直抒咏怀，赞颂豪侠俊杰。阮籍长嵇康十四岁，阮籍少年时的济世情怀，嵇康似乎也存在。虽然嵇康极力反对嵇喜的出仕，憧憬美妙的自然生活，但是这与现实生活毕竟有巨大的差距，尤其是在嵇康的诗文中存在强烈的现实关怀，甚至试图将儒家的现实之道与道家的自然追求结合起来，诸如他赞扬孔子"勤诲善诱，聚徒三千，口倦谈议，身疲磬折，形若救孺子，视若营四海"。当面对被统治者肆意曲改的礼俗，嵇康又坚决发出了反叛的声音，再三表达自己要学习管仲，"吾宁发愤陈诚，谠言帝庭""斥逐凶佞，守正不倾"。可见，嵇康的孤独、志愿难酬也是时代所造成的。

虽然高契难期，知音难求，但在嵇康的生活世界里，崇友意识仍是十分强烈的。或许正是因为现实中难以寻求，嵇康将视野转向了古人、仙人、隐逸高人。他在诗歌中写道："俗人不可亲，松乔是可邻""慷慨思古人，梦想见荣辉""岩穴多隐逸，轻举求吾师"等。松乔指古仙人赤松子和王子乔。与仙人、古人、隐逸高人结友，携手而游，"弹琴咏诗，聊以忘忧"，这种远离世俗尘世、无拘无束、自然而然的生活是多么美好啊！

游宴清谈　锋绽洛阳

洛阳因地处古洛水之阳而得名，居"天下之中"，素有"九州腹地"之称。北临邙山，南望伏牛，东临嵩山，西依秦岭，境内伊、洛、涧、瀍诸水并流，四周有函谷、广成、伊阙、大谷等关隘。洛阳风景秀丽，文化繁盛，自古多是文人墨客云集之地；地势险要，四通八达，自古也是兵家争伐之地。东汉末年以来，洛阳成为政治中心。中平六年（189），董卓率兵进入洛阳，立陈留王刘协为帝，自为相国独揽朝政。次年，关东诸侯推袁绍为盟主，讨伐董卓。董卓大败，挟持汉献帝西走长安，并驱使洛阳数百万人西迁长安。行前，大肆烧掠，使洛阳南北二宫以及周围二百里内的宫阙民房沦陷火海，化为一片废墟。建安十八年（213），汉献帝封曹操为魏公。次年，曹操重修洛阳宫舍。建安二十五年（220），曹操病故于洛阳，其子曹丕继位。曹丕废汉献帝，自立为帝，国号"魏"，建都洛阳，史称曹魏。洛阳成为曹魏的政治文化中心。

景初二年（238），被誉为"有君人之量"的魏明帝又病逝于洛阳嘉福殿，时年三十六岁。遗诏嘱托大将军曹爽与太尉司马懿辅佐齐王曹芳即位。曹爽在正始元年（240）前后，先后启用了夏侯玄、何晏、邓飏、丁谧等大批在太和年间（227—232）因"浮华案"被魏明帝所黜免的名士，从而揭开了正始名士当政的局面。同时，在正始名士的营造下，以洛阳为中心，掀起了一股空前绝后的思想革命的巨浪，史称正始玄学。玄学是一种具有高度抽象性的思辨哲学，主要以《老子》《庄子》《周易》"三玄"糅合儒家经典，以老子、庄子的思想来注解儒家的《论语》《周易》，达到综合儒道思想的目的。同时，正始玄学家又不局限于理论的玄想，而是试图把这种新的思想落实于政治的实践中，即寻找名教与自然相结合的治国策略。名教指当时以儒家思想、伦理道德为基础的政治制度和礼法规范。自东汉以来，名教之治成为名誉利禄的诱饵，为获得名誉利禄，许多人不择手段，贪婪竞争，智诈情伪，以至风俗大坏，政教陵迟。曹魏早期，军国多事，虽然屡次弘扬儒学，但是曹操父子用法深重，君臣离心、社会动荡的局面依然存在。正始玄学家在揭示过去名教之治、名法之治弊端的同时，意识到有效发挥名教的社会政治功用，必须从名教赖以产生和存在的根源上救治名教之弊。进而，他们认为名教出于"自然"，以道家自然为本，儒家名教为末，试图建构一种新的内圣外王的政治理论。

玄学理论的创建和发展往往是借助于名士间的游宴清谈、互相论辩，故又有玄谈、谈玄或清谈之称。清谈以"三玄"为主要讨论内容，讨论人生、社会、宇宙的哲理。清谈形式也有"一人主讲式""二人辩论式""多人讨论式"等多种，但都要求士人聚在一起，提出一个论题，然后各抒己见，互相辩驳问难。游宴和清谈结合在一起，美酒与玄理、欢畅与高论互相激发，使人清谈终日，不觉疲倦。《三国志·管辂传》曾记载琅邪太守单子春家的一次宴会上宾客百人，多是能清谈辩论的名士。管辂对单子春说："您是大名士，有雄贵的仪态，而我现在还年轻，还有些胆怯，怕精神不集中，先让我喝三升酒壮壮胆，然后再清谈。"酒尽，管辂说："我现在才刚开始读《诗》《论语》等书，学问尚浅，还不能深刻理解圣人之道，就谈金、木、水、火、土五行之道和鬼神之说吧。"单子春说："这却是最难清谈的，你怎么以为是容易的呢？"管辂置之不理，借助酒兴发起清谈，文才葩流，枝叶横生。单子春等人则加以论难，直到天黑不止。如果说单子春家的百人清谈已颇具声名，那么以何晏为首的洛阳清谈更驰名于当时。

何晏是正始时期的清谈首领，家中常常举行清谈宴会，参与者多是才华横溢的名士，诸如王弼、夏侯玄、钟会。尤其值得称道的是开一代玄风的何晏与王弼。何晏，字平叔，南阳宛（今河南南阳）人。祖父为汉末大将军何进，父亲何咸，早亡。何晏七八岁时，曹操纳其母，何晏得入魏宫。因其聪慧异常得到曹操的宠爱，"欲以为子"。但是，何晏行事无所顾惮，服饰拟于太子而招致曹丕的憎恨，曹操讥讽其为"假子"。后来，何晏娶曹操的女儿金乡公主为妻，虽为姻亲，但在曹丕当政期间，何晏极为不得志，无所事任。在魏明帝曹叡时，何晏又牵连到浮华案中，仕途更加失意。正始初，曹爽秉政，何晏得到重用，任吏部尚书，甄选各级官吏。何晏不仅权位高显，而且善谈《周易》与《老子》，以"才辩显于贵戚之间""天下谈士多宗尚之"，开正始清谈玄理风气之先。

王弼，字辅嗣，山阳高平（今山东金乡）人。山阳王氏是世家大族。王畅为汉末党人领袖，是著名的"八俊"之一。王畅的儿子王谦曾被何晏的祖父大将军何进辟为长史。王谦的儿子王粲则是"建安七子"之一。王粲与曹丕感情深厚，建安二十二年（217）王粲死于瘟疫，曹丕不胜伤感，亲自为他举行了隆重的安葬仪式，并在墓前说："仲宣（王粲的字）平日爱听驴叫，让我们学一次驴叫，送他入土为安吧！"随即率同来吊唁的名士们学起驴叫。时隔两年，王粲的两个儿子因参与了魏讽谋反案，被曹丕诛杀。因此，曹丕命王业过继给王粲。王弼的父亲是王业，祖父是王凯，王粲的族兄。这样，王弼也就成了王粲的孙子。王弼是早慧奇才，"性和理，乐游宴，解音律，善投壶（宴饮时做的一种以箭投掷壶中的游戏）"，尤其"好老氏，通辩能言"。他曾与当时的许多清谈名士辩论各种问题，以"当其所得，莫能夺也"，深得当时名士的赏识。

《世说新语·文学》记载何晏任吏部尚书的时候，每天很多人到他家游宴清谈，厅堂满座。当时王弼还不到二十岁，也去参加清谈。何晏听说过王弼的名字，便把以前谈论最精彩的几个论点讲给王弼，说："这几个是我认为极高明的论点，你还能再提出驳难吗？"王弼便逐条驳难，在座的众人都认为精彩绝伦，不得不叹服。接着，王弼又虚设提出论点和驳斥论点的主客双方，反复辩驳论证，让满堂名士叹服不已。从这个故事，不仅可以看出王弼具有高超的清谈才华，也可见以何晏为引领，曹魏京师洛阳的清谈蔚为大观。

正始时期（240—248），嵇康十七至二十五岁，正值风华正茂、意气风发的年龄。孙绰《嵇中散传》说："嵇康作《养生论》入洛，京师谓之神人；向子期（向秀）难之，不得屈。"什么原因促使嵇康来洛阳，史书缺乏记载。或许是受洛阳的清谈之风的吸引，也或许是因为某种事由。但是，可以断定，嵇康和同时期的何晏、王弼、钟会等玄学家一样参与了当时的游宴清谈活动，并且发表了自己的高见，引起了洛阳的震动。

嵇康在洛阳的清谈活动，已经难以考索，但他留下的《声无哀乐论》《养生论》《答难养生论》《明胆论》等辩论性文章，确实有着明显的正始玄学的痕迹以及清谈辩论的浓厚氛围，故可以推测，这些作品大致写在正始或其后不久。《世说新语·文学》记载，东晋宰相王导在南渡长江后，只谈论"声无哀乐""养生""言尽意"三方面的问题。王导是渡江后的名士领袖，又是清谈大家。他所谈论的三个方面的问题除"言尽意"外，均为嵇康提出，而"声无哀乐""养生"问题又居其首，由此可见嵇康的思想对后世影响之大。

与"秦客"论声无哀乐

关于音乐的本质和功能的认识，是中国传统艺术理论的重要话题。《礼记·乐记》与《荀子·乐论》是这方面最早的两篇文章，其思想内容相似，都是集中讨论声、音、乐三者的区别以及音乐的社会功能。大致认为：凡是声音都来自人们的内心，内心思想感情的变化可以通过音乐表现出来，不同音乐能使人产生悲、淫、壮等不同的心理反应。因此，音乐和道德教化的外在规范——礼是相辅相成、紧密配合的。观察一个国家的音乐可以知道其政治清明与否，像太平之世的音乐充满安适与欢乐，其政治必然是平和的；混乱之世的音乐充满怨恨与愤怒，其政治必然是离乱不和谐的；亡国之时的音乐充满悲哀和愁思，百姓也必然是困苦不堪的。这种儒家音乐教化的思想在汉魏时期仍深受重视。诸如：魏明帝曹叡青龙年间（233—236），经学家高隆堂与卞兰辩论"兴衰在政，乐何为？"高氏坚持礼乐为政教之本的思想，反对明帝、卞兰忽视"乐"的功用。景初三年（239），刘劭也完成《乐论》十四篇，本欲上书建议魏明帝通过大力提倡制礼作乐，达到移风易俗、教化天下的目的，但是还未送上去，魏明帝就去世了。

然而，到了正始时期，何晏、王弼等人开辟会通儒道的玄学新思潮，致力于道家自然观和儒家名教观的结合，对与音乐相关的"性情"问题展开了论述。其中何晏提出了"圣人无喜怒哀乐"的论点，这种看法虽然能在某些方面沟通儒道的圣人形象，但是还不圆满，直到东晋仍有人在论辩这一问题。《世说新语·文学》记载，一次僧意问王脩："圣人有情不？"王脩答："没有情。"僧意接着问："圣人就像根柱子吗？"王脩说："像算学上用的筹码，筹码无情，但是运用筹码的人有情。"僧意进一步追问："如果圣人只是像筹码，谁运用这个筹码呢？"王脩回答不出这个问题，其实这是何晏把圣人形象"虚空"化的结果。而王弼针对何晏理论加以修正，认为圣人和常人一样也有喜、怒、哀、乐、怨五情，但是五情又受制于圣人超出常人的神明智慧。在与外物接触时，圣人的情感也是有所反映的，只是圣人比常人神明，因而不受干扰，精神境界是平和的，也就是"应物而不累于物"。这种思想直接冲击了清谈名士对以往儒家音乐思想的认识。关于音乐理论的讨论也自然成为清谈的一个重要方面。

何晏作《乐悬》，但已经佚失。正始二年（241）阮籍作《乐论》，继承儒家礼乐移风易俗的教化作用，摒弃俗乐淫声，正尊卑，"歌咏先王之德"，追求协调律吕、和谐阴阳的中正之美；同时又说，"乐者，天地之体，万物之性也"，音乐的制作需要遵循宇宙万物的本身规律，故而音乐的本性是自然清虚的，具有调和儒道思想的色彩。继之，夏侯玄又作《辩乐论》，主要针对阮籍《乐论》中"天下无乐而欲阴阳和调，灾害不生亦已难矣"等具有神秘主义色彩的言论，认为音乐和阴阳、自然社会并没有关系。在这场关于音乐的论辩中，深懂乐理琴道的嵇康，并没有置身于外，而是另辟蹊径，从形名学的视角写下了著名的《声无哀乐论》。这篇文章围绕嵇康（东野主人）与秦客的辩论而展开。秦客具体指谁，很难考索，或许是嵇康的某个朋友，或许是嵇康虚设的论敌。全文共有八次论难，答难亦有八次，辩论具有严密的逻辑分析，层层深入，颇引人入胜。

首先，关于音乐的本质。秦客继承儒家传统中"治世之音欢乐，亡国之音悲哀"的思想，注重音乐与社会政治的关系，以音乐观察社会的治乱。他认为孔子听《韶》乐，得知舜的功德；季札听弦曲，知晓各国的民风，这些历史事实都可以佐证上述的观点。对此，嵇康提出了异议，认为组合音乐的宫、商、角、徵、羽五音在本质上是金、木、水、火、土五行之气。五行之气存在于天地之间，无论音乐的好与坏，时逢盛世还是乱世，都改变不了声音是气的特质。因此，声音本身并不存在哀乐之情。诸如，由于不同地区有不同的风俗习惯，会造成有的人听到歌声感到悲伤，而有的人听到歌声则感到欢乐。同时，嵇康又认为：声音虽然是自然的产物，没有情感，但是宫、商、角、徵、羽五音的和谐组合，连续的运动构成了音乐的旋律，因而，音乐又具有自然的和谐。这种和谐是音乐本身固有的特征，它和听众没有直接的关系。但是，和声可以感人，这是因为人心和声音都是五行之气构成，具有同构性，所以当人心遇到与之同构的和声时，便会激发出情感。和声没有外在的形象，人无法察觉到；而悲哀之情却有之，存在于人心之中。因此，主观的情感与音乐的属性各有不同的名称和功用。音乐应以自身的和谐、优美为主，而与人的情感无关；同样人的情感理应由人心变化而产生，也与音乐无关。历史上，季札在鲁国听取诗歌，观赏礼乐，区分乐曲的风雅时，并不是以声音判断褒贬的。孔子欣赏《韶》乐，赞美舜，也是因为事先知道舜的功德。他们都不是仅凭音乐本身去判断的。从乐律自身的角度看，嵇康的这种认识有一定的道理，像现在人们对古典音乐的理解，遇到多里亚调式，因为事先了解，就会感受到庄严肃穆的氛围。

其次，关于声无哀乐的具体阐述。秦客认为：虽然各地民俗不同，表达方式也不同，但是各自悲哀欢乐之情还是在声音中有所表现的。情感萌动于胸中，声音发生于情感。善于听音察意的人不会拘泥于声音的复杂，而是要知晓其中的含义。像伯牙弹琴，钟子期能听出他的心志；官府的皂隶击磬，子产能知晓他的悲哀；鲁国有人早上哭泣，颜回便知道他与亲人分离。人们内心的悲哀必然会展露于声音，不能因没有遇到善听音乐的人，便说音乐没有察知的功能。同样，看到不同地方民俗的多变，便说音乐中没有哀乐也是不对的。针对秦客的驳论，嵇康坚持认为：音乐仅仅体现乐律的变化，不能直接表达哀乐。孔子、季札等人的传说不过是俗儒们为了神化圣贤所杜撰的，蒙骗后世而已。五色中有好看与不好看的区别，五音中有好听与不好听的区别，这都是事物的自然情况。至于人们对其喜好如何，在于人的情感变化。人的情感变化又都不是预先存在于人的内心之中的，是有待于接触具体事物之后才形成的。悲哀与欢乐之情也是如此，都是因事而形成的，是先于声音结构于内心的，而不是先有悲哀与欢乐之情再产生声音。诸如美酒中有甜、苦二味，醉酒的人便把发泄喜怒之情作为酒的功用。如果遇到欢乐与悲哀之情是被音乐所感发，便说音乐中有哀乐之情，就像说酒中有喜怒之性一样荒谬。

最后，关于音乐的功用。秦客诘难说：孔子说移风易俗没有比音乐更为有效的。如果各种悲哀与欢乐不存在于声音中，那么用什么来移风易俗呢？古人强调警惕靡靡之音的不良熏染，批判淫乱的郑国与卫国的音乐。既然音乐无情感，庄严肃穆的雅乐与郑卫的靡靡之音本质上又有什么区别，怎么能说他们是国家盛衰的表象呢？嵇康反驳道：古代的圣贤之王治理天下，顺应天理，无为而治，君主恬静于上，群臣安顺于下，百姓安乐，心气和谐，就会用音乐歌舞表达这种和谐的情愫。因而，美好的风俗取决于圣王的治理和人们和谐的心灵，而不是音乐歌舞。孔子所说的移风易俗莫过于音乐，这里的音乐是"和谐"的没有声音的"大音"。至于丝竹金石汇聚而成的和谐之音，为人们所喜爱，也统称为音乐，但移风易俗之功，不在这八音之乐。和谐美妙的音乐常使人的情感不能自已。古人认识到情感不能放纵，也不能消灭，于是，因循音乐的本性加以引导人的情感。既制定可以遵循的礼仪规范，也创作了疏导情感的音乐歌舞。又考虑人们欣赏水平的不同，制定了一定的标准，使各地具有相同的风俗，日用而不竭尽，这也是为了固结忠信之心，永不改变的意思。地方上的乡校庠塾也随着变化，乐器与礼器并存，舞蹈与礼仪并用，雅言与和乐相辅。这样一来，人们听到这种乐声，便感受到雅言的教化；看到这种舞蹈，便感受到礼仪的规范力。虽然语言、音乐、礼仪、舞蹈偏重各不相同，但是它们共同构成了一个整体的规范，发挥着教化与欣赏的作用，进而在君臣、家族中形成和遵循这种整体的规范。少年时学习了规范，成年后就不敢怠慢，教化可以告成，这才是古圣贤王重视音乐的原因。此外，史官采集反映世风民俗的歌谣，委托乐工谱曲，加以传播，使发表意见的人没有罪过，听到的人加以自律，这又是古圣贤王重视音乐的原因。再看，所谓淫荡的"郑声"，其实也是美妙的音乐。美妙的音乐感动人心，像美貌的女色惑乱心志。古圣贤王担心人们纵情享乐，放任自流，于是备置八音之器，使人们不至于亵渎声音。同时，扬弃以往的乐声，使人们心情愉悦又不至于放纵。如果君主无道，纲纪丧乱，男女私奔，荒淫无度，人们沉溺或追逐于声色犬马之中，恶俗必然会形成，也就会出现所谓的靡靡之音。圣王们作乐的目的在于言辞发于诚心，和声发于性情，形成美好的世风。所以音乐本身并没有贞正与淫荡、雅乐与郑声的区别。

在这篇精湛的辩论文章中，嵇康言辞清晰、逻辑缜密，展现了卓越的辩论才华。他一方面用形名学的方法考察"声音"与"哀乐"不同的名实关系，把音乐作为独立的艺术形式加以分析，深入到音乐本身的特质，揭示其美学意义；另一方面打破《乐记》以来儒家单纯注重音乐社会功用的倾向，否定了音乐与情感的直接联系，深层次地揭示审美主客体之间的关系，开启了中国音乐理论研究的新向度。现在看来，虽然嵇康的理论存在许多争议，但是对古代艺术理论的探索有重要价值和意义。并且，在中国音乐史上，用玄学视野从整体上研究音乐理论，嵇康堪为第一人。

与向秀论养生

向秀，字子期，河内怀县（今河南武陟）人。与嵇康、吕安等人友善，喜好老庄之说，善于清谈。《世说新语·文学》记载：最初，注解《庄子》的有几十家，但是都没能够深入探究《庄子》的精神要旨。向秀在旧注之外，注解《庄子》，分析精妙，立意新奇，促使玄学之风广泛传播。在魏晋思想史上，向秀开辟了从积极入世方面理解《庄子》的新取向，在《庄》学取代《老》学的思想嬗变中起了重要作用。此外，《晋书》记载，他与嵇康论养生，"辞难往复，盖欲发康高致也"。向秀扮演了"诘难者"的角色，起了"抛砖引玉"的作用，使嵇康的养生论发挥得淋漓尽致。

嵇康的养生论主要包括以下几方面的思想：

首先，关于养生之可能。在养生问题上，当时流行两种观点：一是认为通过勤学养生术，可以达到长生不死或者成为神仙。一是认为人的最高寿命是一百二十岁，古今相同，超过这个年数的都是虚妄谬论。嵇康认为这两种说法都有失情理，没有领会到养生的真谛。虽然神仙谁也没有见过，但是过去的典籍文献确有记载，神仙理应是存在的。所谓的神仙是承受特殊的灵气，天然生成的，而不是后天坚持养生、修炼能做到的。尽管神仙不可以积学而致，但是人们通过合理的导养，可以使生命的潜能尽量发挥，达到高寿是可能的，寿命可上达几百岁，甚至一千多岁。人们之所以不能如此高寿，是因为不懂得正确的养生之道，不会疏导调理生命。

其次，嵇康认为养生包括养神（精神）与养形（肉体）

两个方面，且重视精神对肉体的支配作用。嵇康举例说，大凡服食药物以求出汗，如果不能如愿，则羞愧之情交集，立刻会大汗淋漓；早上没有吃饭，便会饥饿思食，然而，曾子服丧，饱含哀痛，竟然七天不饿；半夜独坐，便会神志不清，昏昏欲睡，然而，心怀忧愁，可以通宵不思睡眠；梳子梳理鬓发和饮酒都可以致使脸红，这尚需一个过程，然而，壮士盛怒，则立刻面红，怒发冲冠。因此，可以看出来，精神在形体中就好像国家之于君主。精神躁动于形体中，而形体丧亡于精神之外，就好像君主昏聩于上位，国家混乱于下方。同时，养神必须从小处做起，就像在商汤的时代灌溉庄稼，只有一个人多灌溉了一遍。虽然庄稼最后都干枯了，但是一定是多灌溉一遍的庄稼最后干枯，多灌溉一遍的作用是不可抹杀的。世人也常说发怒一次不足以侵害性情，哀恸一次不足以损害身体，这就像不懂灌溉一次的益处。所以，养生要懂得形体倚靠精神才能确立，精神有了形体才能存在；懂得修炼性情以保养精神，安定心神以保养身形，使爱憎、忧喜不栖滞于心怀，形体与精神互为补益，和顺安宁。

关于养形。嵇康认为服食药物对身体有重要的作用，服食不同，效果也随之不同。在众多的服食中，上等的药物最为重要，但是世人往往受制于常规，难以理解。就像一般的种田，把一亩能收十斛粮食的土地叫作良田，却不知道用区分之法可以收获百余斛粮食。在养生问题上也是如此，世人执着于常规，不相信上等药物的神奇作用。世人知道不同的食物对人体产生不同的作用，像常吃大豆使人体重，常吃榆叶使人发困，吃合欢树叶使人排除愤怒之情，吃萱草使人忘掉忧愁等，这是因为不同食物中所含气不同，在人体中的作用也必然不同。事实上，药物也具有类似的作用，上等的药物可以延年益寿，中等的药物可以使身体健康。然而，许多人只知道服用五谷，却没有认识到药物的作用；或者不坚持服食药物，半途而废，因此达不到养生的效果。

关于养神。嵇康认为养神重在清虚静泰，少私寡欲。世俗之人只看到五谷食粮，沉溺于美味声色：眼睛被各种色彩所眩惑，耳朵被各种淫声所迷乱，腑脏受到各种美味的煎熬，肠胃受到各种美酒的烧煮，骨髓受到各种香气的腐蚀，本有的正气受到喜怒之情的扰乱……如此多的欲望伤害他们的身体，各种疾病也会随之而来。善于养生的人则注重养神，恬静安泰，减少私心，降低欲望。实际上，嵇康并不否认正当的欲望。当向秀认为人们应该顺应人性，纵情时下的享乐，充分满足欲望时，嵇康加以反驳，认为欲望虽然出于人的本性，但是也受到智的影响。欲望本身符合自然人性，"遇物则当，足则无余"，当基本的欲求满足后就不再那么强烈了。但是，由于不正当智慧的参与，欲望就会泛滥，人们变得贪婪，拼命地追逐物欲富贵。因而，喜怒不会消除，滋味不会断绝，精神与身体也不能保持平静和谐。嵇康为了在欲望和理智之间寻找一个恰当的平衡点，提出"智止于恬，性足于和"的观点。"智止于恬"类似庄子的"以恬养知"，以理智明了生的道理，规范引导欲望，不去伤生，从而达到"乐莫大于无忧，富莫大于知足"的境界。可见，在嵇康看来，人的本性是虚无恬淡的，纯粹的嗜欲违背了人的本性。养神必须要清虚静泰，少私寡欲，即所谓"以大和为至乐，以恬淡为至味"。

与吕安论明胆

吕安，字仲悌，东平（今属山东）人。父亲吕昭，曾为镇北将军兼领冀州刺史。据史载，吕安傲世不羁，具有拔俗之风，与嵇康、向秀为挚友，三人或锻铁于洛阳，或灌园于山阳，或清谈共饮，兴致所致，率意郊游，不计远近。三人中，吕安与嵇康最为莫逆知心，取舍相近，曾与嵇康一道讥讽向秀读书。吕安具有独立思考的精神，经常与嵇康进行学术辩论与交流。现存《明胆论》，就是二人辩论的重要成果。

《明胆论》整体所展现的学术氛围，反映了正始时期关于才性理论的清谈论辩。才性学的产生和发展直接受汉魏人物品评和选官制度的影响。西汉初建，汉高祖刘邦便下求贤令，要求举荐贤能。汉文帝起设科选士，根据不同的人才需要，设定孝廉、茂才（秀才）、贤良、文学、明经、明法、尤异等科目。汉武帝时进一步实行察举制，不仅实行召举贤良、方正、对策等选举取士制度，还实行举孝廉重操行的选拔制度。东汉光武帝时实行德性、学识、明智、意志兼备的四科取士的辟举制，注重德才兼备。这种选官制度直接导致了人物品鉴风气的兴起。但是，到了东汉末年，由于选拔人才的权力集中在皇帝和少数高官，甚至名门大姓的手中，结党营私，任人唯亲等腐败现象突出。大批名士坚持道德、名行并重，誓不与腐败同流合污，引起了社会崇尚清流的风气。清流之风的极端发展导致社会上尚浮华、慕虚名的现象。战功出身的曹操矫枉过正，颁布求贤令，提出"唯才是举"，重才智，不尚德行。这在某种程度上引起士人对"才""性"关系的大辩论，其中对"德行"的认识涉及对人的自然属性与社会属性的理解。其中最为著名的四种观点是：李丰的"才性异"，傅嘏的"才性同"，王广的"才性离"，钟会的"才性合"。但是，由于史料记载的缺乏，各家之说的具体内容已不可知。《世说新语·文学》载了一则钟会与嵇康有关这方面的故事。钟会，字士季，颍川郡长社（今河南长葛）人。小嵇康一岁，父亲是曹魏太尉、著名书法家钟繇。钟氏以形名学显，擅于缘名定形、校练名理，即是从经验出发，透过事物的现象（形），分析其属性（名实），发现其中的规律（理）。钟会本人又聪明机敏，自幼接受严格的家学训练，善论辩，少年时便颇负盛名。钟会刚撰写好《四本论》，很想请嵇康看一看。他把文章揣在怀中，等到了嵇康住处，又害怕嵇康诘问，不敢拿出来，徘徊良久才从门外远远地将文章抛进去，然后急忙回返。钟会为什么惧畏嵇康而不敢亲自请教？或许因为嵇康高超的论辩才能，也或许因为嵇康的理论高明。因此，可以断定，虽然没有直接的材料证明嵇康参与了这场论辩，但从此则故事及《明胆论》可以推测，嵇康可能参与了这场论辩，至少是与吕安在小范围内加以讨论，并且嵇康的观点也应该在当时引起了重大的反响。

《明胆论》集中反映了嵇康的才性理论。明胆问题是关于人的两种能力之间关系的论述，类似"知行"问题："明"是明其理，即智慧；"胆"是果其行，即胆略。关于这两种才能的认识在当时已有人论述过。刘劭《人物志·英雄篇》说："聪明秀出谓之英，胆力过人谓之雄。""明"类似于"英"，"胆"则类似于"雄"。刘劭的《人物志》是汉魏人物品鉴、人才选拔理论的大成之作。在书中，刘劭继承汉代阴阳五行说，以阴阳之气诠解"性"，认为元——阴阳之气存在于人体之中，转化为不同的生理特质，展现为"木骨、金筋、火气、土肌、水血"五物之象。五物又体现为五质，表现出五种不同的心理品质：骨直而柔为弘毅之性，筋劲而精为勇敢之性，气清而朗为文理之性，体端而实（肌象）为贞固之性，色平而畅（血象）为通征之性。五性又分别对应着"仁、义、礼、智、信"五常。进而，刘劭根据人们因阴阳五行之气禀受的不同而展现出的特质上的偏颇来判断人才的素质。嵇康深受刘劭的影响。在《明胆论》中，嵇康首先阐述了吕安的理论：人有了胆略可以产生智慧，具有了智慧便也有了胆略。接着，嵇康进行辩驳，认为：智慧和胆略具有不同的功用，二者是不能相互生成的。这是因为众生都是由元气生成，所禀受的元气的质量不同，人的才性也出现了昏明的差异。只有至德之人才能禀受纯美精气，成全各种美德品质。除至德之人之外的各类人，都存在某些不足：有的人偏于智慧，有的人偏于果敢，人的性情也有贪有廉。虽然有这些差异，但是都有自己的定位，就像草木可以区分各自类别。具体到"明"与"胆"方面，嵇康认为因禀受元气不同，智慧与胆略两种品质相互独立，不能互相生成。智慧用来明辨事物，胆略用来决断事物。只有智慧而没有胆略，便会出现能分辨而不能决断的结果；只有胆略而没有智慧，便会违背事理，丧失机宜。像郑国的子家软弱无能，被别人胁迫去弑君；左师向戎当断不断，结果姑息了作乱的华臣。这二人都是智慧有余，但缺乏胆略，从而造成行事上的错误。可见，智慧、胆略不能相生。

针对嵇康的反驳，吕安进行第二回合的反驳。他认为：辨析事理贵在简约而能尽情，在常理的基础上分析，不必引用玄虚的元气之说，渺茫而不切实情。并且，吕安列举了四个历史典故作为自己观点的佐证：其一，汉代的贾谊陈述切实的策论，言辞坦正，做事率直，毫不迟疑，这是明于详察政事的表现。但是，当贬到长沙，有鹏鸟飞进屋中时，却暗生疑惑，视为不祥，心中胆怯而作赋。这是见事明与不明、智慧不智慧而产生的行动上的果敢不果敢的例子。像子家、左师二人都是愚惑浅鄙之人，也根本算不上有智慧，所以不能认清事物，从胆略上作出决断。其二，汉代大将军霍光有勇武的胆略，身负国家大任，却在废立昌邑王刘贺的问题上，恐惧胆怯，犹豫不决。而文弱的书生田延年，虽然没有勇武之称，但是能陈述大义，胆气凌云，迫使霍光等人决断。这不正是智慧能生胆略的实证吗？其三，樊於期为报家族大仇，自愿献首级，帮助荆轲刺杀秦王嬴政。其四，王凌起兵投奔刘邦，项羽扣押其母为人质。王凌的母亲为让儿子安心自己的选择，伏剑身亡。这些均可以说明没有智慧也就没有胆略。但是，胆略作为独立的品质，也可以独存。像盗跖敢藏身于虎口，惯偷敢钻墙角于水沟，甚至一些暴虎冯河之事，愚昧有胆略的人也可以做到。针对吕安的反驳，嵇康进一步辩驳，认为：谈论人的性情，辨析人才的异同，必须推究其禀赋元气的本源，然后才能理清支脉。吕安认为元气之说是玄虚渺茫的，这是着眼于表面现象，犯了本末倒置的错误。并且，嵇康进一步深入阐述自己的理论，认为：智慧与胆略所禀受之气存在于一个人的身体中，智慧的生成是由于体内的阳气照耀，胆略的生成是由于体内的阴气凝结，二者可以互相激发资助，有时也存在强弱变化。贾谊暗于鹏鸟来栖，是智慧有所蔽塞的表现。霍光惧怕废立刘贺，是勇武有所阻扰的表现。田延年奋起是他明于所见，豪壮之气则是他胆略的表现，不可以说过去他没有勇武。因此，推知吕安所说的没有智慧便没有胆略，实际上是在说阳气产生阴气，这也是不对的。阴阳二气虽然相互依存，但是总归各自为不同的气。同时，也不能说胆略独存在一人之身。每个人均禀受着阴阳二气，它们发挥着不同的作用，只是程度的强弱不同，是不可以分离的。这样看来，所谓的樊於期、王凌母、徒手搏虎等等说法也是不正确的。

联姻曹氏　志离官场

正始九年（248），玄学家王弼得到何晏的推荐，补为尚书郎。起初何晏本欲推荐王弼为黄门侍郎，但是丁谧也推荐王黎。或许因为曹爽认为王弼只会谈道，不能谈政治，故把王弼改降为尚书郎。何劭《王弼传》记载，王弼"为人浅而不识物情"，缺乏官场的应变能力。王弼刚补为尚书郎，就去拜访曹爽，在这次单独的会面中，王弼大谈抽象的玄理，一点也没有旁涉其他方面的事情。才智凡庸的曹爽哪能理解王弼高深的理论，他不仅不屑于听，而且嗤笑王弼。与王弼的官场失意相反，嵇康的生活较为顺利，在此年或较早一段时间，迎娶了曹氏宗室沛王曹林家的长乐亭公主。嵇康联姻曹氏的原因史无记载，或许因为嵇康在清谈中展露出非凡才华，和王弼一样赢得何晏赏识。何晏的妻子金乡公主是曹林的同胞姊妹。因此，善于赏识人才的何晏把嵇康介绍给曹林，促成这桩姻缘。再者，沛王曹林于建安二十二年被封于谯，甘露元年（256）去世。嵇康的父亲嵇昭当过曹魏治书侍御史，约在嵇康一岁时，即魏文帝曹丕黄初六年去世。嵇昭为曹魏政府的心腹官吏。据此看来，同居谯郡，宗亲曹林与嵇昭结交相识是非常可能的。因世谊旧故，联姻也有可能。总之，嵇康虽获得了一生幸福美满的婚姻，但也卷入了统治者政治纷争的旋涡，开始踏上了一条影响他命运的悲惨之路。

关于嵇康妻长乐亭公主，史载两种说法：一是王隐《晋书》说："嵇康妻，魏武帝孙、穆王林女也"，认为嵇康妻为沛王曹林（"穆"为谥称）的女儿；一是裴松之在注《三国志》时征引《嵇氏谱》说："嵇康妻，林子之女"，认为是沛王曹林的孙女。建安三年（198），曹操围吕布于下邳，吕布派秦宜禄向袁绍求援，留下秦妻杜氏在城内。城破，曹操纳杜氏。《三国志·武文世王公传》说："武皇帝二十五男：……杜夫人生沛穆王林、中山王衮。"曹操有二十五个儿子，杜夫人生有曹林、曹衮。曹林为长子，最早生于建安四年（199）。《三国志·三少帝纪》又载，曹林于甘露元年去世。如此推算，曹林至多活了五十八岁。在建安二十年（215）曹林十七岁时，其子曹赞过继给济阳怀王曹玹。一般来讲，继承自己爵位的是长子。曹林的长子曹纬至少长曹赞一岁，生于建安十九年（214）之前不久。可见，曹林在十七岁时，至少有两个儿子，这也符合中古社会普遍早婚的现象。景元四年（263），嵇康去世前，作《与山巨源绝交书》中提到"女年十三岁，男儿八岁"。逆推：嵇康的女儿生于嘉平三年（251），嵇康时为二十八岁，曹纬至少为三十八岁。若以曹纬为长乐亭公主的父亲，十八岁（231）结婚，次年（232）长乐亭公主出生推算，长乐亭公主十六七岁（247、248）结婚，这非常有可能。尤其是在汉晋时期，官宦家女子多在十七岁之前出嫁，诸如：班昭十四岁嫁与曹世叔，王元姬十五岁嫁与司马昭，荀采十七岁嫁与阴瑜。因此说，嵇康娶曹林的孙女之说也是合理的。又加上，唐修《晋书·王隐传》评价王隐"虽好著述，而文辞鄙拙，芜舛不伦"，其所著《晋书》采用文献的可靠性历来为人所怀疑。此处竟说曹林为曹操之孙，可见王隐著史态度之不严谨。而《嵇氏谱》为嵇氏家谱，此处记载即便不出自嵇康后人之手，也应出自了解嵇氏家族的人之手；何况，裴松之博闻多洽，所注《三国志》征引三国时期的原始材料达一百五十多种，博引各家著作的原文，遵循"随违矫正"的态度，所注文字数超过原文的三倍，征引《嵇氏谱》，而不取王隐《晋书》，更说明《嵇氏谱》记载较王隐《晋书》可靠。因此，本书在行文中从《嵇氏谱》说，视嵇康妻为曹林的孙女。

东汉以来，公主大致分为县、乡、亭三种级别，亭公主为诸王的女儿的封号，虽然级别较低，但是其爵位与亭侯相当，享受"中二千石"（大约月钱有九千，米有七十二斛）的俸禄。按照惯例，与宗室亭公主结婚者，朝廷要给予加官晋爵。因此，嵇康再次来到京师洛阳，先被授予八品的郎中职务，后迁升为七品的中散大夫，秩比有六百石。中散大夫属于闲职，似乎对嵇康来说是相当不错的职位。嵇康的这种身份也便于他参加洛阳的一些游宴清谈活动。

这一时期，嵇康并没有利用自己的姻亲关系，与曹爽、何晏等掌权派更多地接触，谋求更大的发展。嵇康曾以诗明志："泽雉虽饥，不愿园林""泽雉穷野草，灵龟乐泥蟠"。这两句话来自《庄子》的两个典故：前一个故事是说，在田野里自由生活的野鸡，奔走十余步才能啄到一口食物，奔走一百余步才能饮到一口水，虽然生存环境艰苦，但是野鸡并不祈求被别人养在笼子里。即使养在笼子里可以获得甘美的食物，可以使自己长得强健漂亮、精神旺盛。这是什么原因呢？野鸡追求的是自由逍遥的生活。后一个故事是讲，庄子正在濮水边悠闲地钓鱼，楚威王派了两个大夫来劝请庄子出仕。庄子手持着鱼竿，头也不回地回答说："我听说楚国有个灵龟，已经死了三千年了，楚王还是把它盛放在华丽的竹盒内，用布小心翼翼地包好，藏在庙堂上。请问这只灵龟是宁可死了留下一把骨头让人尊贵地供奉，还是愿意活着拖着尾巴在泥巴里自在地爬行、玩耍好呢？"两个大夫说："宁愿活着拖着尾巴在泥巴里爬行、玩耍好。"于是，庄子谢绝说："那你们请回吧！我还是希望像灵龟一样拖着尾巴在泥巴里不受到约束地爬行玩耍。"野鸡、灵龟有自己顺从自然、随心所欲的生活本性。如果被关进笼子或被供奉则违背了自己的自然本性，失去了自由；同时，也丧失了自己的尊严，供别人驱使。二者尚这样，何况人乎？对于嵇康来说，热爱自由，追求逍遥的生活是内心所驱使，他渴望摆脱世俗的樊篱羁绊，像天空中的鸾凤一样自由翱翔，像溪水中的鸳鸯一样从容嬉戏，用心灵去亲近自然山水，用琴歌结交知己。加上洛阳时局的变化，让嵇康感到忧惧。所以，大约在被任命为中散大夫不久，嵇康便挂职再次返归家乡河内山阳。

第 3 章

竹 林 之 游

世务屯险　群贤交契

景初二年（238）十二月，在魏明帝曹叡去世之前，司马懿在建安时曹操丞相府的同僚中书监刘放、中书令孙资的帮助下，由深受猜忌的权臣转为顾命大臣，和深受曹叡信任的武卫将军曹爽共同辅佐八岁的小皇帝曹芳登位。这也开启了曹爽集团与司马氏集团的权力之争。面对这样的政局，众多官僚或名士纷纷为自己的前途作出选择。

正始（240—248）初，在曹爽集团中集中了何晏、夏侯玄、邓飏、丁谧、毕轨、李胜等颇具理想主义，且多数资历浅薄的新锐名士。他们中不乏满怀建功立业之志的人，试图以玄学"无为而治"的理念为理论指导，探索名教与自然和谐发展的政治体制，把简约有效作为实践指导，改革时弊。曹爽执政时，何晏高居吏部尚书之职，选拔人才，不拘出身资辈，起用一些年轻才俊如裴秀、朱整、贾充，突破长期以来实行的九品中正制。夏侯玄曾任中护军、征西将军等要职，是正始改革的中坚力量。他以"君亲自然，匪由名教"为施政的指导思想，并作《时事议》，阐述政治改革的策略，提出改革九品中正制、改革政府行政机构、简化官场繁文缛礼等措施。

司马懿在景初三年（239）正月辅政。辅政以太尉之职"持节、都督中外诸军、录尚书事"，但是，一个月后被刚愎自用的曹爽明升暗降，迁升为太傅，却剥夺了司马懿的行政权。善于权谋的司马懿决定韬光养晦，利用自己手中的军权和对外作战的军事才能，勤奋于军功。朝中一些受曹爽、何晏等人排挤的老资历官僚名士逐渐倾向于韬光养晦的司马懿。曹爽兄弟生活奢靡，堪比皇帝，"妻妾盈后庭"，珍玩充满堂。何晏窃取公田几百亩与大量国家财物……这一切不仅使曹爽集团丧失威信，也给其政敌提供了口舌把柄。在京师洛阳，各种反对曹爽集团的诽谤谣歌四起。这又使更多的官僚投向司马懿的怀抱。到正始后期，在司马懿周围已聚集了王肃、蒋济、高柔、卢毓、傅嘏、钟毓、孙礼、王观、孙资等大批资深官僚，且大都是自曹操时期就入仕的重臣元老。

从表面上看，正始中后期在曹爽集团咄咄紧逼之下，司马懿集团节节败退。曹爽等人完全被权势冲昏了头脑，陶醉在虚荣与得意之中，骄奢自满，更加疏于对司马懿集团的监视与防范。这时，有少许头脑清醒的人，纷纷对曹爽、何晏发出劝谏，或加以暗示。然而，曹爽完全听不进任何良言建议，丝毫没有意识到随时会爆发的政变。

面对朝廷中权力的争夺、政局的不定，阮籍、山涛等一些有识见的名士纷纷远离政治，退隐山林。早在正始三年（242），当曹爽与司马懿的矛盾初露端倪时，从属于司马氏的蒋济就被夏侯玄明升暗降，由主持武官选举的中护军迁升为太尉。是时，蒋济征辟阮籍出仕，阮籍辞去，后不得已出任尚书郎，不久又以病辞归。正始八年（247），曹爽又征阮籍为大将军参军，阮籍深感到大的政变即将来临，以病推辞，隐居乡里。也是这一年，时任河南从事的山涛一听说司马懿托病不上朝的消息后，立刻敏锐地察觉到政变前的阴霾，顿时不安。他半夜叫醒熟睡在身边的同事石鉴说："现在都什么时候了，你还能熟睡？知道太傅司马懿托病不朝意味着什么吗？"石鉴回答："宰相三天不上朝，一张诏书就可以让他退休。关你什么事情？"山涛听后，不屑地讥讽说：

"看来，你等到被飞奔而来的马群践踏时才会觉醒。"话毕，独自辞职而去。或许，嵇康也和阮籍、山涛一样意识到政局的险恶，故而离开京师归隐山阳。嵇康在诗歌中如是说："详观凌世务，屯险多忧虞""鸾凤避罻罗，远托昆仑墟"。也正是因为阮籍、山涛等人的陆续归隐，促使嵇康和朋友们做短暂的竹林之游。

正始期间，由于权臣争权夺利的白热化，朝廷也无暇顾及对观望名士的查视。借此机遇，嵇康与一些名士作短暂的聚会。河内山阳以其风景秀丽、交通方便、消息灵通等优势，成为首选的地点。而且，嵇康在那里有一处庄园。根据《水经注·清水》所引《述征记》记载，嵇氏庄园的具体位置在白鹿山东南二十五里处，竹林修茂，清泉环绕，幽雅静谧，适宜清谈、饮酒、弹琴等活动。于是，历史上著名的竹林七贤的故事出现了。在当时并无"竹林七贤"或"竹林名士"之说，此说较早见于东晋孙盛的《魏氏春秋》、戴逵的《竹林七贤论》、袁宏的《名士传》等，但是记载都简单模糊，仅以"七贤"命名，大致是比附《论语》中出现的七位隐士。南朝梁刘义庆作《世说新语·任诞》时，对此说加以充实，说："陈留阮籍、谯国嵇康、河内山涛三人年皆相比，康年少亚之。预此契者，沛国刘伶、陈留阮咸、河内向秀、琅邪王戎。七人常集于竹林之下，肆意酣畅，故世谓'竹林七贤'。"这个团体里，山涛、阮籍年龄为长，核心人物是嵇康。现对嵇康以外的六人略作介绍：

阮籍，字嗣宗，陈留尉氏（今河南尉氏）人。生于建安十五年（210），父亲阮瑀是著名文学家，为"建安七子"之一，曾任曹操的仓曹掾属。阮籍三岁丧父。少时好学不倦，以庄周为模则，旷达不羁，不拘礼俗。辞职归隐前任曹爽参军。

山涛，字巨源，河内怀县（今河南武陟西）人。生于建安十年（205），父亲山曜，当过宛句令。山涛早孤，家贫。喜好老庄，少有器量，介然不群。四十岁时，始为郡主簿功曹、上计掾，后又举孝廉，州辟为河南从事，后于河南从事任上辞官归隐。

向秀，字子期，河内怀县（今河南武陟西）人。生卒年及家世不详。清悟有远识，雅好老庄，曾注解《庄子》，发明奇趣，为世人所称赞。曾在洛阳与嵇康清谈养生，辩难往复。竹林之游前未出仕。

刘伶，字伯伦，沛国（今安徽宿县）人。生卒年及家世不详。澹默少言，深受庄子影响，放情肆志，不妄交游，嗜酒如命，曾作《酒德颂》一文。竹林之游前未出仕。

阮咸，字仲容，陈留尉氏（今河南尉氏）人。生卒年不详。为阮籍之侄。其父阮熙，曾任武都太守。阮咸任达不拘礼法，沉溺饮酒，擅长音韵。竹林之游前未出仕。

王戎，字濬冲，琅邪临沂（今山东临沂）人。生于青龙二年（234）。父亲王浑，曾任凉州刺史。王戎幼而颖悟，神采秀彻。竹林之游前未出仕。

根据袁宏《山涛别传》记载，嵇康与阮籍结交较早，之后才与山涛结交。《世说新语·贤媛》也记载，山涛初识嵇康、阮籍，便情若金兰，颇为投契。山涛认为："现在可以作为我的朋友的，只有这两个人。"山涛的妻子韩氏感到非常奇怪，便说："过去僖负羁的妻子也曾亲自观察过狐偃、赵衰，我也想看看他们，可以吗？"有一天，嵇、阮前来拜访，韩氏劝说山涛留宿二人。晚上，她通过墙上的小洞观察二人，直到天亮。事后，山涛问她对二人的印象，韩氏说："你的才智情趣与他们相差太远了，你只能以见识、气度和他们交往。"山涛赞同说："他们也是认为我的气度胜过他们。"《晋书·山涛传》记载，山涛与嵇康、吕安友善，后结交阮籍。《晋书·向秀传》说，向秀在年轻时就为山涛所知。《晋书·嵇康传》又说，起初，嵇康与向秀共锻铁，以自赡给。据此，大致可以推断：嵇康最初与阮籍、向秀结交，后因为向秀与山涛为同乡的缘故，嵇康又与山涛结识，并将阮籍引见于山涛。《晋书·刘伶传》记载，刘伶"不妄交游，与阮籍、嵇康相遇，欣然神解，携手入林"。因而可知，由于阮籍、嵇康的介绍，刘伶加入了竹林之游。根据《晋书·王戎传》又知，阮籍与王戎的父亲王浑为友，从而结识了比他小二十岁的王戎。《世说新语·简傲》引《竹林七贤论》描述此事说，阮籍与王浑同为尚书郎时，阮籍每次拜访王浑，刚坐下，便说："与你说话，不如与你儿子阿戎清谈。"于是，进去找王戎，每次都谈到傍晚日落才回。大概是因为阮籍的介绍，王戎与其他诸人结交。《世说新语·排调》记载，一次，嵇康、阮籍、山涛、刘伶在竹林中清谈畅饮。过了一会儿王戎来了，阮籍说："俗人又来败坏我们的兴致了！"王戎笑着回答："你们这些人的兴致，也是别人能败坏的吗？"至于阮咸，或许因为他与阮籍的叔侄关系，由阮籍介绍而加入竹林之游。

综上所述，大体可以确定七贤约在正始八年以后，阮籍、山涛陆续辞职、次年嵇康从洛阳回到山阳后一段时间内齐聚竹林。正始十年（249），阮籍便被司马懿征为从事郎中，嘉平三年又为司马师的从事郎中。嘉平四年（252），山涛也出任郎中。可见，七贤齐聚的时间很短暂，但是，在不同时间、地点的小聚会却持续很长，大约开始于正始初年，甚至更早。正始初，嵇康便与向秀共同锻铁，辩论养生。向秀、山涛相识更早，或许早于正始时期。二人都认同庄子"和光同尘"的入世逍遥思想，或许这是他们在清谈辩论中形成的结果。景元四年嵇康死后，王戎说与嵇康相交二十年，没看到嵇康喜怒忧愠的脸色。据此可以推断，正始四年（243），年仅十五岁的王戎便因阮籍的介绍与二十岁的嵇康相识了，那么嵇康和阮籍的交往也要早于正始四年。这种小聚会驳杂难辨，以至现存史料中关于七贤的聚会内容，也很难分辨出哪些是发生在七贤共游竹林之时。

除了上述六贤外，嵇康还和其他的一些朋友交往。关系最为密切的当数吕巽、吕安兄弟。吕氏兄弟是东平（今山东东平）人，魏镇北将军吕昭之子。吕安是嵇康的挚友，每当思念嵇康，即使身在千里之外也要前来造访。常与嵇康在山阳灌园、锻铁。有时兴致所致，二人一起漫游原野，不计远近，甚至过一晚才返回家。吕安也经常参与竹林之游，尤其与山涛、向秀友善。吕安之兄吕巽，字长悌。嵇康《与吕长悌绝交书》称："由是许足下以至交，虽出处殊途而欢爱不衰也。及中间少知阿都，志力开悟，每喜足下家复有此弟。"阿都是吕安的小名。从这段话可以看出，嵇康先结识了吕巽，有所交往，而后认识了吕安，一见而神交。虽然后来嵇康最终因吕安之事与吕巽绝交，但是在这一时期，二人有过交往是确定的，但思想上已具有较大的差距。此外，与嵇康结交的还有郭遐周、郭遐叔、阮侃、阮种、公孙崇等人。

这一时期，嵇康和朋友们畅游于大自然的山水之中，放散情思，写下了平生最具有魅力的山水诗歌。这些诗歌尽情地描绘这样的场景：满川溪水清澈如镜，摇曳的水波一直伸向远方。溪水上几只小舟时而浮行，时而停止。在微风中，偶有渔人手拍着桨柄悠然自得，不时发出几声长啸。但是，溪水中的鸳鸯却完全没有理会渔人和小舟，顾自嬉戏，时而飞翔于清濑之上，时而栖息于水间小洲，时而俯颈捕食，时而又随清波而去……在这良辰佳境之中，嵇康与朋友们时而激辩于山水之畔，时而傲啸于竹林之中，时而酌酒高歌，时而抒发老庄逍遥之志，时而又弄清琴一曲……享受着大自然给他们的心灵带来的滋润与安抚，美酒清音带来的愉悦与自得，一切是那样的自然恬适，一切是那样的情趣盎然！

从表面上看，竹林名士们平时多陶醉于隐逸怡情之中，但是实际上，他们又无时不密切关注着政局的变化。对时局的忧虑与恐惧以及个人未来的出处问题也无时不煎熬着他们彷徨的心灵。刘伶的嗜酒伴狂，任性放浪，"以天地为宅舍，以屋室为衣裤"；阮咸的纵情越礼，与猪共饮……无论他们如何纵酒昏酣，也很难真正地遗落世事，忘记政治环境的险恶和世事的龌龊。尤其是，对他们中的一些人来说，归隐不过是找到坚定的人生抉择前的权宜之策。如何滋润安抚悸动的心灵？竹林名士们开始反思，并尝试摆脱何晏、王弼等正始玄学家通过对《老子》的诠释来引导社会及其个体精神与行为的成规，从而进一步发现了《庄子》，企图以其追求心灵的无穷开放，"与天地精神往来"，自由自适、现世逍遥等思想，给他们苦涩的心灵带来一丝安慰。

嘉平政变　著文喻世

正始末年，一场蓄谋已久的政变即将来临，政治的阴霾已经笼罩在曹魏京师洛阳的上空。大将军曹爽不仅没有看出对方——司马氏集团的阴谋，甚至被其行为所麻痹。陈寿《三国志》评价曹爽是"少以宗室谨重"，似乎曹爽谨慎行事仅能在魏明帝曹叡时期可以得到一些印证：曹叡为人常任心而行，尤为猜忌宗室。曹爽却能得到他的信任，并且能与被猜忌的宗室、大臣维持良好的关系。然而，此时身处高位的曹爽已经习惯了骄奢淫逸，为所欲为，忘乎所以，丧失了警戒，失去了对曹魏宗室所担负的责任意识。而他的对手司马懿，史称有"雄豪志"，曹操听说他有狼顾相（身不动而回头看），并梦见三马同食一槽，曾告诫曹丕："司马懿非人臣，必预汝家事。"谙熟为官之道、精于谋略的司马懿却又频频得到曹氏三代君主的信任。面对曹爽的咄咄气势，司马懿以病退为幌子，开始策划政变的阴谋。先是凭借自己几十年在军队和官僚机构中的威望，向参与政变者许下加官封爵的承诺，暗地联络对曹爽集团不满的官僚。蒋济、王观、高柔等纷纷加入了阴谋活动。司马懿安排担任中护卫的儿子司马师利用手中统领诸将、任命武官的权力暗地培养三千听命的兵士，作为政变的先遣队。而另一个担任卫将军的儿子司马昭，同样利用自己手中的军权，做好了行动前的准备。

正始十年正月初六，曹爽兄弟陪同少帝曹芳从司马门离开京师，去拜祭魏明帝曹叡之墓——高平陵。司马懿趁洛阳空虚迅速发动政变，先派司马师率领先遣队夺取司马门，断绝曹爽返回洛阳之路。又部署军队占领武库，自己则和太尉蒋济等人率领军队占领洛水上的浮桥，切断洛阳与外界的交通。然后，一边派司徒高柔去接管曹爽的部队，一边亲自来到皇宫，迫使魏明帝曹叡的妻子郭太后下令解除曹爽兄弟的职务。又派人送一份奏章给皇帝曹芳，列举曹爽兄弟的罪状。面对奏章，曹爽等人后悔莫及，不知如何处置。此时，逃出洛阳的大司农桓范，援古引今，竭力劝谏曹爽拥曹芳在许昌另立新都，然后平乱。然而这时，司马懿派侍中许允、尚书陈泰等人去加以劝说，并给曹爽送去蒋济的劝说书；深受曹爽信任的殿中校尉尹大目也在其旁煽风说事情的结果"唯免官而已，以洛水为誓"。曹爽天真地认为："司马公正当欲夺吾权耳。吾得以侯还第，不失为富家翁不失作。"于是，顺服了司马懿。而当曹爽等人回到洛阳时，立刻被监禁起来。四天后，曹爽、曹羲、曹训、何晏、邓飏、丁谧、毕轨、李胜、范桓等被处死，诛及三族。

关于这次事件，后世附加了许多神秘记载，如《世语》说，事先曹爽做了个"二虎衔雷公"的梦，灵台丞马训占卜后，认为曹爽在半月内将失败。《汉晋春秋》则说，身在安定的皇甫谧在事发前一年就做梦预言说"诛大将军曹爽"。更引人注意的是《魏氏春秋》的记载：政变后，司马懿让何晏审查曹爽等人。何晏十分卖力，希望以此获得免罪。司马懿说："总共有八个家族。"何晏查核了丁、邓等七家。司马懿说："还没有完。"忐忑不安的何晏焦急地问："难道是我吗？"司马懿说："正是。"于是将何晏收狱。这些记载多不可取信，但这次政变留给历史的却是曹魏政权从此开始衰败。对于政变中丧生的名士而言，如果说汉末陈蕃、李膺、范滂等党锢名士之死，留给世人的是清流正气、流芳千古与令人不断的悲悯同情；那么，何晏等正始名士，留下的除了清谈的魅力、深奥的玄理值得回味咀嚼外，多是贪名求利、目光短浅的非议。

这年秋，玄学家王弼在做了几个月的尚书郎后，被免官。或许是王弼看到过去那么多经常辩论清谈的朋友，尤其是对自己有知遇之恩的何晏在政变中丧生，受到刺激，加重了原有的疠疾而病亡，年仅二十四岁。至此，"祖述老、庄，立论以为天地万物皆以无为本"的正始玄学失去了两位最杰出的代表，"递相夸尚，景随草靡"的正始清谈也成为学术史上的回响。继而代之的是嵇康、阮籍为首的竹林名士的高行及其具有叛逆色彩的玄学理论。

高平陵政变后，改元为嘉平，这个年号中也蕴含着司马氏胜利的喜悦。不久，司马昭的岳父、职为太常的大学者王肃，主持了典礼"代"皇帝曹芳封司马懿为丞相。然而，时局并不因屠戮了曹爽及大批的名士而平静。洛阳一些原先参与政变的老官僚本对曹魏政府怀着深厚的感情，对司马懿凌驾于皇室的做法感到不满。同时，司马懿大肆屠杀曹爽等人的阴鸷与残忍也让他们感到寒心。诸如，司马懿曾发誓不杀曹爽，但又食其言，出尔反尔地诛杀曹爽兄弟，令太尉蒋济愤懑不已。洛阳的政变，让远在外地的亲曹爽或忠于曹氏的官员也感受到威胁与恐慌，暗地里也开始策划对策。王凌，曹魏老臣，曹操时就被辟为丞相掾属，后被封南乡侯，迁车骑将军、仪同三司。高平陵政变时王凌为司空，负责淮南军务；政变后，却被升为太尉。王凌日益感受到兵权将被夺的危险，便与外甥兖州刺史令狐愚密谋，将差一点儿被曹丕毒死的弟弟楚王曹彪迎至许昌，欲扶植他为皇帝，以摆脱曹魏王朝受司马氏控制的局面。嘉平三年，王凌的举事尚未策划好便被人告密。司马懿亲率大军讨伐。王凌措手不及，只好迎降，被俘。据干宝《晋纪》载，途经好友贾逵的祠堂，王凌大呼："贾梁道，王凌固忠于魏之社稷者，唯尔有神，知之。"说完自杀，甚为悲壮！《晋纪》又记载，这年八月，司马懿梦见王凌、贾逵的鬼魂作祟，甚为恐惧，随后病亡。这或许是司马懿内心愧对这两位昔日同僚好友而表现出不安的反映。

政局的变化及司马懿的大肆诛伐，深刻影响到嵇康、阮籍等正直名士。虽然他们向往隐逸自由的生活，但是又禁不住心中的愤懑，不时用隐晦的诗文记录这段腥风血雨。嘉平三年，阮籍作《鸠赋》，其序说："嘉平中得两鸠子，常食以黍稷之旨。后卒为狗所杀，故为此赋。"两只遭狗残害的小鸠鸟，具体指什么，很难考索。但是，不能不让人联想到司马懿诛杀曹爽时，旁及大量的文弱名士的情形。显然，《鸠赋》是在痛斥现实中以强凌弱的暴行。阮籍在《咏怀诗》中也写下了"昔日繁华子，安陵与龙阳""丹青著明誓，永世不相忘"等诗句。据《说苑·权谋》《战国策·魏策四》载，安陵、龙阳分别为楚共王和魏王的两个男宠，以色事人。显然，阮籍喻指司马懿受到曹丕、曹叡父子的信任。"丹青明誓"，喻司马懿两次受托孤之命时，信誓旦旦。"以色侍主"，必然难以忠心辅佐，这和司马懿最终背叛故主又是多么类似！同阮籍一样，也大约在这段时间，刚烈疾恶的嵇康也用隐晦的手法写下了《太师箴》《释私论》等作品。

《太师箴》是嵇康少有的集中论述政治的文章。箴作为一种文体，主要用于劝诫。本文的形式属于官箴，假借一名"太师"的身份，阐述治乱之道，褒贬现实。学术界一些人认为"太师"喻指司马懿，这种看法很难解释文中太师所说的一些话，诸如"师臣司训，敢告在前"，意思是说，太师的职责在于训导皇帝，我因此冒昧前来陈说这篇箴文。如果联系历史深入考察嵇康这一时期的政治态度，既未见与司马氏集团有什么来往，也并没有因为与曹氏为姻亲而与曹爽集团有亲密的接触，而是尽量地远离政治，或者持着某种观望的态度；那么，可以看出，嵇康的这篇文章实际上是虚构了一个作为皇帝股肱的辅弼大臣——太师，阐述治理天下的政治理念，并以这种理念来规劝君主。

首先，在文章中，太师盛赞上古的君王之道。认为：最初的人们淳厚质朴，不懂得去营私谋虑。而智慧的运用不但不能挽救生命，甚至增添了祸患与危害。尊崇长者，归心仁义，本在人们自然情理之中。古时候的帝王们因循这种自然情理，委托贤明的人治理国家。古帝华胥去世后，伏羲继位，延续这种治理国家的策略，静默无为，不行礼法，民情自然淳朴。到了唐尧虞舜时期，仍然遵循着政事简约、顺应自然的治国之策，最终禅位给夏禹。那时候统领天下的君主都很勤劳，采用的是逸民之策。因而，当时一些至德之人珍重自身，鄙视高位。子州之夫称病不接受尧的禅位，石户之农则乘桴浮海，躲避舜的禅位，许由甘于贫穷而拒绝尧赐封的九州之长。而且，那时候的君王宽厚仁爱，悯世忧时，看到万物的衰败，就会感到哀伤，便去察访自己的百姓。

其次，太师论述了后世的君王之道。由于外物的诱惑，人们的私欲逐渐开启。后世的君王品德衰微，治世正道沉沦。他们整天思谋计策，偏重自己的亲属。一个比一个贪婪虚伪，制定的礼节也一个比一个烦琐。刑罚和教化兼用，伤害了人的自然天性。发展到衰末之世，他们更是争权夺势，不尊重贤臣师友，任意宰割天下，满足自己的一己之私。所以君主位虽高，但也日益奢侈，大道陵迟。臣子也多有二心，图谋篡国，甚至不惜死于非命。针对这种情况，虽然采取厚赏重罚的政策，但是仍不能劝勉阻禁。权臣继续骄傲放肆，拥兵专权。刑罚本是惩治暴虐的，却用来胁迫贤良。古帝王做事是为了天下，如今的君主却是为了自己。臣子怨恨君主，君主猜忌臣属，亡国之祸频频发生。可见，纣王荒淫无道，招致亡国，头挂白旗之上；周厉王败坏旧制，沦丧巇地；武灵王废弃定制，被困沙丘宫，饿死其中……自古以来，亡国之事不断。国家起始的时候，安稳如山；破败的时候，却如山崩。每每却又是等到面对亡国的兵刃时，君主们才后悔莫及。

最后，太师对君王加以告诫：不要唯我独尊，懈怠忠言；不要自恃权势，骄奢荒淫；摒弃小人，纳进忠贤，任用贤良，甚戒唯亲。只有遵循这种具有老庄谦恭与儒家任贤相结合的治道，百姓才能安居乐业，追随效仿。

在这篇文章中，嵇康借用太师的身份论述社会的发展、君王治道的变化。上古社会的真朴无欺、自然无欲、安居乐业，及古帝王静默无为、因顺自然、平易简约等具有庄子思想特点的治理策略，实际上这也是嵇康最为推崇的。这种无为而自然、以简驭繁的治国理念又何尝不是何晏等正始玄学家的希冀。衰世时那种君主、权臣的私欲膨胀，"宰割天下，以奉其私"，任人唯亲，骄纵奢靡，拥兵专权等混乱的政治现象，又何尝不是正始时期的反映。这不仅喻指司马懿，也包括执政的曹爽。从国家初建时的"安若山"，到国家灭亡时的"败如山崩"，嵇康作文不仅饱含着对曹魏政府的忧虑，或许更多的是期望曹魏皇室能反思衰败，恢复昔日的皇权。

如果说《太师箴》中，嵇康还主要在论述君静于上、臣顺于下、群生安逸、自求多福的政治理想，那么在《释私论》中，嵇康则进一步直指人性的真诚与虚伪。一些学者认为《释私论》写作于嘉平五年（253），虽多为推测，但从内容看写于正始、嘉平时期是有可能的。在正始期间，曹爽的弟弟曹羲写过一篇《至公论》，劝告曹爽要秉持"至公"之道，区分善恶与友朋，不要过分听信何晏、邓飏等人的骄淫之辞，以至是非善恶不分，忽略朋友道义。嵇康写《释私论》大概是受了曹羲的激发，但是又区别于曹羲，从形名学的角度阐述公私与是非的观念，并用以讽时刺世。

首先，嵇康从人心出发，认为公、私是人们对待自己情感的两种不同态度："公"是指展示内心的真情实感，坦荡明达；"私"是指隐匿内心的真情实感，伪诈虚情。君子德性清贞，心胸旷达，性情不受嗜好、欲望的支配，具有"公"的品质；而小人心藏私情，贪鄙吝啬，具有"私"的品质。"公私"区别于"是非"。是非指人们对待思想感情的态度，有正确与错误、好与坏之分。像历史上的伊尹不隐匿自己的才智，辅助殷汤安定乱世。周公不顾他人猜忌而隐匿自己的善行，代政兴周。管仲不隐匿自己的才智，辅弼齐桓公。这几个人都不是为了自己徇情，而是奉行大道，不计较个人的得失，这些都是"公私"问题。

在嵇康看来，"公私"比"是非"更重要。诸如汉代的司空第五伦。有人问他有私心吗？第五伦说："先前，我哥哥的儿子生病了，我一个晚上探望了十次，然后返回家能安睡；而我的儿子有病时，我整天没去探望，却整夜难眠。"第五伦的行为是有错误，而不是有私心。心存私心者把隐匿情感作为特征，为公者却把真情实感作为特征。善良的人不以贪鄙吝啬为特征，而邪恶的人却以混淆是非为特征。第五伦显露了自己的胸怀，是无私的表现。矜持自己的行为且内心不安，这是有错误的表现。没有私心而有错误，这确实是存在不隐匿是非的情怀。

进而，嵇康认为：隐瞒真情的"私心"往往使精神丧亡在各种疑惑之中，追逐世俗的各种贪欲，而又自以为很好，这样隐匿不改，最终会成为邪恶。这恰是小人虚伪的表现，唯利是图，最终乱国丧身。像春秋时，申侯处处随顺楚恭王，最终遭到楚恭王的遗弃；吴国的太宰嚭接受越王勾践的贿赂，劝吴王宽赦勾践，又谗杀伍子胥。后来勾践灭吴后，毫不留情地加以诛杀。而具有美好德行的君子心存坦诚，崇尚明达，厌恶贪鄙与隐匿。如果他们隐匿了一件错事，便会内心羞愧，展现于表情。因此看，他们言谈无所苟且讳忌，心中无所矜持，性情无所拘系，禀性高尚而又褒贬臧否公允合理，纵使有不良的杂念和行为，也会不存在什么顾虑，敢于改正。他们以忠诚感动贤明的君主，以信义笃结天下的万民。他们的胸怀之广阔，可寓容天地四方；胸怀之坦荡光明，像日月般永照。社会中广存这样的君子，最终就会天下大治，社会健康发展。

嵇康这篇文章发展了《太师箴》中直接痛斥"宰割天

下，以奉其私"的权臣谋国的现象，进一步揭示了社会中的公私问题，小人隐匿是非、甚至以"公"之名行"私"的丑恶现象。在嵇康眼中，这种伪善、丑恶面显然喻指正始以来权臣谋国，曹、马纷争夺权，尤其是司马氏的阴谋残忍等政治现象。这也是嵇康愤然打破长期以来人们的是非、公私观念，幻想如庄子般"至人无己"的自然逍遥，无措是非，寻找心目中理想人格的原因所在。虽然这种理想在现实中难以寻觅，但是嵇康对理想人格的阐述、对现实深刻的揭示与批判，不仅在为士人的安身立命提供情感与理论依托，也如钢刺般指向现实，成为政治谎言保护者的敌对者，势必造成当权者的恐慌和嵇康日后命运的艰辛与磨难。

七贤分化　竹林晚照

王凌事件平叛之后不久，司马懿因病而亡。第二年，即嘉平四年四月，司马师继承了父亲司马懿的权力，升为大将军，加侍中，持节，都督中外诸军，录尚书事。早年司马师也曾是正始玄谈的积极参与者，屡屡与何晏、夏侯玄、王弼清谈辩论，交情甚好。史书载，何晏曾经评价司马师、夏侯玄和自己，认为夏侯玄思辨深刻，能通晓天下事理；司马师思辨缜密，能成就天下大事；而自己则超越二人，可以说是处处周全的"神人"。王弼去世时，司马师也曾为之哀叹数日。但是，对司马师来说，玄理思辨始终处于兴趣爱好的层面，这些朋友间的友情也多停留在共同的兴趣之上，而帮助父亲大肆屠杀名士，与朋友反目，则受家族利益的驱使，也出于对权势无止境的占有欲。随着司马懿的去世，司马师的权位达到顶峰，而司马师对权势的追求与巩固并没有丝毫懈怠。嘉平六年（254）二月，在高平陵政变中没有或少受牵连的一些名士官僚开始一次重要谋划。中书令李丰（李丰长子李韬的妻子齐长公主，为曹芳的姐姐）、光禄大夫张辑（曹芳的岳父）、太常夏侯玄（与曹爽为姑亲）等人密谋铲除司马师，事泄被杀，被夷三族。李丰，在魏文帝时期，就以识别人物的才能誉满江东，令海内翕然。太和浮华案时，虽为浮华名士们的密友，但没有被免职。夏侯玄，出身沛谯名族夏侯氏，与曹氏世交。少时就以博学、才华横溢出众。十七岁时便袭父爵，为散骑侍郎。曾与魏明帝皇后的弟弟毛曾并坐，夏侯玄以之为耻，后受累于太和浮华案。正始初，夏侯玄深受曹爽重用，累迁散骑常侍、中护军等职，立法垂教。接着，李丰的朋友镇北将军许允被诬陷，在放逐途中被杀。张皇后、皇帝曹芳先后被废，另立十三岁的高贵乡公曹髦为帝。曹髦是曹丕的孙子，东海定王曹霖的儿子，正始五年（244）被封为郯县高贵乡公。而在这一系列政治活动中，亲近司马氏，为其出谋划策的王肃、傅嘏、钟会等人则被高封加爵。

司马师执政期间，除了加强对朝廷内异己的排除与镇压外，也加大了对社会中名士的监控、拉拢和镇压的力度。名士们在社会中享有崇高的声誉，关系着政局和社会的稳定。拉拢名士，征辟名士于朝廷，既可利用名士为自己造势，又便于监控与镇压。据《晋书·景帝纪》记载，司马师暗地培养了三千为其卖命的特务人员，分散潜伏在社会各处，需要时立即可以集中起来。可以说，司马氏的耳目遍布各个政治敏感的地方，七贤所交游的河内山阳，自然也在其中。史载嵇康二十年不见"喜愠之色"，阮籍"喜怒不形于色"，刘伶"澹漠少言，不妄交游"，这应该与受司马氏耳目监视有关。

实际上，早在嘉平元年（249）高平陵政变之后，阮籍就被司马懿征辟为从事中郎。阮籍深知司马懿的阴狠，这次征辟，没有像先前辞复蒋济征辟那样，写一份奏议书信，或以病谢归即可。嘉平六年，在杀掉夏侯玄、废掉曹芳后，司马师赐封阮籍为关内侯，不久阮籍又由从事中郎迁升为散骑常侍。阮籍的迁升，或许和处死夏侯玄有关。夏侯玄的德性修养、才识风度深得士人的景仰，在何晏、王弼等正始名士中最具有人格魅力。据《晋书·夏侯玄传》载：一次，他去参加司空赵俨的葬礼，因去得较迟，先到的宾客三百多人见他到来，均越席前去迎接。这次，夏侯玄被捕下狱后，廷尉钟毓亲自审问他。夏侯玄拒绝答复任何问题，并斥责钟毓说："我有什么罪，让你屈身来审讯我。一定要口供的话，你替我写好了。"钟毓深知夏侯玄节操高尚，凛然正直，不会屈服，只好代夏侯玄写了一份口供。在送给夏侯玄过目时，钟毓忍不住泪流满面。夏侯玄看后，微微点头。临刑东市，夏侯玄面不改色。处死连政敌都敬重景仰的夏侯玄，必然给社会造成巨大的震动，引起士人的恐惧。因而，迁升同样具有非凡名声的阮籍可以起到消解震动、安抚士人、粉饰太平的作用。

面对这一切，阮籍则巧妙地用隐晦的诗文加以讽刺。在《咏怀诗》中，他说："徘徊蓬池上，还顾望大梁。绿水扬洪波，旷野莽茫茫。走兽交横驰，飞鸟相随翔。是时鹑火中，日月正相望。朔风厉严寒，阴气下微霜。羁旅无畴匹，俯仰怀哀伤。小人计其功，君子道其常。岂惜终憔悴，咏言著斯章。"蓬池是河南开封附近的一处名胜。"大梁"即开封，曾经是战国时魏国的城都。魏国的"魏"恰好和阮籍所处的曹魏的"魏"为同一个字。阮籍徘徊在魏国都城附近的蓬池，却回头顾望，无疑是表达了对曹魏政权的眷顾。然而，阮籍望见的却是苍苍的河水、茫茫的旷野，以及走兽与飞鸟，甚是悲凉。"鹑火中"指南方朱鸟七宿中的柳、星、张三星宿处于南方的正中央，这时候处于夏历的九、十两月之交。"日月正相望"，指每月的十五日。司马师废齐王曹芳，立高贵乡公就是在九月十五左右。"朔风厉严寒，阴气下微霜"两句运用了象征的手法，暗喻严酷的政治斗争。司马氏居然连皇帝都敢废立，真是野心昭著！曹魏政府将要走向穷途末路。阮籍作为"羁旅之臣"，不愿夹杂于政治斗争之中，必然是内心孤独，徘徊不定。

　　与阮籍怀着苦闷的心情被迫入仕不同，一些存有功名之心，优容世务，善于观察时机的名士看到政局日渐稳定，司马氏执政巩固，也开始走出山林，谋求仕途。《晋书·山涛传》载，山涛因和司马师的妻子是中表亲，便去谒见司马师。司马师见到这位大名士来投，喜出望外，称之"吕望来投"，立即命司隶举其为秀才，加封为郎中。与最初垂钓隐逸，后辅佐周王建立功业的姜子牙相比，山涛固然不及，但是，在日后的仕途中，山涛的确是一帆风顺，成为司马政权的心腹权臣，担任过吏部尚书、尚书仆射等高职，显赫一时。和山涛一样，七贤中最具有世俗之气的王戎，本出身于门阀世家，不乏官宦之志。王戎在什么时候入仕已经很难考索，或许是因其好友钟会举荐。史载，钟会曾向司马昭推荐王戎以"简要"知名。王戎最终也和山涛一样仕途顺利，做过光禄勋、吏部尚书、尚书右仆射等高官。继山涛、王戎入仕后，阮咸、刘伶或是得山涛的推荐，或是其他原因，也进入仕途。相伴嵇康的只有向秀和吕安。在夕阳晚照之下，还是那个竹林，却失去了昔日的激辩清音与醉酒狂歌，留下的仅是三个为了理念而执着的灵魂和夹杂着略有不安与悲凉的琴声。

七贤的分化，不仅是由各自不同的性格、人生志向等原因所致，也是因为他们的思想倾向不同，其中对《庄子》理解和体会的不同尤为重要。虽然他们都推重《庄子》，但是对《庄子》的理解和体会是有差异的。山涛、王戎等人看到的是一个现世逍遥的庄子，追求隐身自晦，在众乐同，和光同尘，谐于世俗又不滞于世俗，随着时势的变化选择自己的出处。就像后来山涛劝诫嵇康的儿子嵇绍所说：人生若"天地四时，犹有消息"。人世像自然界一样更替，理应顺应社会的变化，不要停滞于一朝一代，而是要寻找时机，因时、因事而动，同时又不妄动。这种思想也继承了正始玄学名教与自然调和的思想，并且将二者圆融统一。在某种意义上说，这是正始政治哲学与人生处世哲学的融合发展。而嵇康、阮籍看到的是一个愤世嫉俗的庄子，追求率真的本性与心灵的超脱，寄任自然，通顺物情，把精神的自由提到至上的高度。也因为对精神自由的崇尚，他们面对政治的权势伪诈、钩心斗角能作出犀利的批判，成为代表社会良知的"勇士"。但是，他们又往往找不到自己的出路：一方面，他们陶醉于自己构建的虚幻理想世界之中，追求高尚的人格。另一方面，他们又撕破了现实世界的虚伪与罪恶，否定现实的不合理之处，把内心的肯定追求与外在的否定批判结合在一起。因此，在他们玩世不恭、放浪形骸的表象之下，掩藏的却是一所痛苦的心灵炼狱！

书生激愤　卜疑抉择

正元二年（255）正月，镇东将军毌丘俭、扬州刺史文钦联合起兵，讨伐司马师。毌丘俭，字仲恭，河东闻喜（今属山西省）人。父毌兴，曾任武威太守，被封为高乡侯。毌丘俭与魏明帝曹叡、夏侯玄、李丰等人友善。由于屡立战功，担任过荆州刺史、幽州刺史、镇南将军等职。兵变时为镇东将军，都督扬州军务。文钦，字仲若，谯郡（今安徽亳州市）人。与曹爽同乡，交情匪浅。兵变时，文钦官至前将军，拜扬州刺史。曹爽、夏侯玄、李丰等人被杀后，毌丘俭、文钦均感到处境不妙，心怀忧惧。这时又逢彗星出现在吴楚分界的上空，二人以为这是祥瑞之兆，随即假借太后密诏，发动兵变。在讨伐檄文中，他们将矛头直指司马师，列举了司马师的十一条罪状；但对司马懿、司马昭等人加以褒扬，与司马师区别对待，借以分化司马氏集团，削弱兵变阻力。二月，二人率领五万军队西渡淮河，驻扎项城。毌丘俭坚守项城，文钦以游兵形式驻扎城外。这时，恰逢司马师刚做完割眼瘤手术，伤势甚重，本打算派其他将领前去镇压；但是，在王肃、傅嘏、钟会以楚淮将兵劲勇等原因的劝告下，司马师安排弟弟司马昭留守洛阳，自己则带病督军在寿春（今安徽寿县）一带围剿叛军。先是，镇南将军诸葛诞、兖州刺史邓艾斩杀毌丘俭的使者，拒绝与之联合的要求，并率部援助司马师。继后，毌丘俭部下史招、李续等人相继投降，司马师的将领王基又占领屯粮重地，文钦战败投奔吴国。毌丘俭的军队逐渐溃败，毌丘俭本人也在逃亡途中被人杀害，传首京师，后又被夷三族。至此，京师之外反对司马氏的主要军事力量被消除了。

因疾病和劳累，司马师在回师许昌后不久便病死。临终，司马师授朝政于傅嘏。傅嘏不敢接受，一边秘不发丧，一边把司马昭召回许昌。当司马昭出了洛阳后，京师的曹魏朝廷感到时机来临，企图夺回失去的权力，便下令司马昭留守许昌，傅嘏率领主力军队返回洛阳。傅嘏、钟会识破其用意，劝说司马昭拒绝执行朝廷命令，率军返回洛阳。司马昭回洛阳后，立刻继承了司马师的官职和权力，曹魏复权的计划彻底破产，司马氏专权也愈演愈烈。

在毌丘俭事件中，一直游离于政治之外的嵇康却参与其中。史书记载，当毌丘俭兵变时，嵇康打算借助自己的威望招募军队前去助应，但向山涛咨询后被劝阻。显然，由于受司马氏的长期政治监视和压迫，又是曹魏姻亲的嵇康义愤填膺，对毌丘俭的兵变抱有强烈的热情和希望。山涛善于观察政治，对当时双方政治力量的悬殊有清醒的认识。加上山涛与司马家有亲戚关系，自己又任郎中，对司马氏的军事行动也有所察闻，知道毌丘俭必败，便劝说嵇康息事。毌丘俭的兵败，也摧毁了嵇康的希望，使其更加彷徨、苦闷，不知何去何从。人生的痛苦莫大于精神的煎熬，精神的煎熬莫过于心灵上的无助与彷徨。面对曾经一起畅游的朋友们不断离去、竹林的空荡，以及血腥的政治环境，现实和理想的矛盾迫使嵇康再一次以不可遏制之笔抒发自己的怨愤。大约在这一时期，嵇康撰写了充满浓厚彷徨和苦闷色彩的《卜疑集》。在文中，嵇康虚构了一位包含自己身影的宏达先生。宏达先生气量恢弘豁达，心胸开阔；为人方正，虽有棱角但与万物不伤；超凡脱俗，内心高洁；在交际中不逢迎附和，为官不追求腾达；坚持为人忠信、敦厚恭敬，按正道行事。但是，治世之道已经隐没，投机巧诈滋生，世风民俗悖谬，人欲横流，追名逐利。因此，以山中的隐士贤达为榜样的宏达先生请太史贞父帮自己占卜一下，帮助他解答所感受到的众多矛盾现象。这些现象罗列如下：

（一）是激于义愤，真诚直言于朝廷，不屈服王公权贵，还是卑躬委身相随，迎合他们的旨意，做一个顺从的人？

（二）是广益天下，乐于施舍而不自认为给人恩惠，还是进身谋取私利，苟且迎合他人？

（三）是隐身安居，笃行仁义，追求至诚奉献，还是伪善欺诈，捞取虚名？

（四）是坚持正义，斥逐凶恶奸佞的小人，还是凭借小聪明，玩弄权术，圆滑处世？

（五）是隐逸山林，学习王子乔、赤松子，还是积极入仕，学习伊尹、吕尚？

（六）是如潜龙般生活于深渊中，隐匿自己的才华，还是如飞鸿般展翅翱翔，显示自己？

（七）是外表与内心不一，随顺世俗，和光同尘，还是内心与世俗相同，追求美名声誉？

（八）是追求清静悠闲、无所夸耀、与万物齐同、物我两忘的境界，以及效法伏羲、神农古帝，但又无法达到而惆怅，还是胸怀壮志，充满激情，积极于官场，但又感觉自己未尽到责任而郁闷？

（九）是积聚财物，享受美食，沉溺香气，贪恋美色，还是辛勤劳作，居于山中，食饮山泉，依靠岩石安然栖息？

（十）是像贤人伯奋、仲堪那样，以八元八恺为佳友，排斥摒弃名列四凶的共工和鲧，使其失去过去的住所，还是像许由、巢父那样轻视尧舜，讥笑大禹？

（十一）是像太伯隐匿才德，潜身不彰，还是像季札效仿子臧，显示大义？

（十二）是像老子清静无为，持守玄理，怀抱大道，还是像庄子齐同万物，通达放逸？

（十三）是像管仲不以被缚为羞耻，辅佐齐桓公建立霸业，还是像鲁仲连藐视世俗，放纵心志，从容高谈？

（十四）是像熊宜僚有神勇坚定的信念和大山一般的志向，还是像毛遂、蔺相如那样步履威武，智勇双全？

宏达先生提出的这一系列关于外在时弊和自我追求矛盾的问题，实际上展现了嵇康心灵深处的彷徨。魏晋之际天下多变故，"名士少有全者"的政治现实，汉魏以来儒道思想艰难调和的思想变革，社会上的假仁假义、是非公私混淆等等丑恶现象，均给士人行为出处的判断标准带来了巨大的冲击，也必然促使嵇康考虑自己的人生之路、思想之路。固然，嵇康的追问显得踌躇不定，然而，在那个动荡的年代，死亡时刻都会降临，能为自己的安身立命探寻出一剂良药是何等艰难！即使文中太史贞父以至德之人不相面、通达之人不占卜来转移这一系列的提问，这也仅是暗喻了嵇康追求的理想人格，是那些至德、通达之人也无法提供其行为准则的，嵇康依然处于彷徨之中，这种彷徨甚至将穷其一生。

第 4 章

隐 逸 避 难

魏主扬才　嵇康抉微

大约在甘露元年，毌丘俭兵变失败不久，嵇康再次来到京师洛阳。这次来洛阳的原因，史无记载。可能是在司马氏专权已经成定局，对士人的监控和压迫不断加强的情况下，在士林中享有巨大声望的嵇康，自然不可避免地引起司马氏集团的注意。由于受到较大的政治猜忌和威胁，嵇康便来到政治中心洛阳，这样既可以把自己的行为坦露于司马氏眼前，证明自己没有政治野心；也可以接触来自不同阶层的人，听取各种声音，更清楚地了解政治动向。又加上阮籍、山涛、刘伶、王戎等人也在洛阳，可以与他们交游。甘露元年，阮籍为步兵校尉。据《世说新语》载，因为听说步兵校尉空缺，营厨中又贮酒数百斛，阮籍便申请去当步兵校尉，与刘伶整日酣饮。也约在此时期，阮籍的母亲去世，裴楷去吊唁，阮籍大醉，散发坐在床上，箕踞不哭。嵇喜去吊唁，阮籍翻白眼接待。嵇康却拿着酒壶，夹着琴去吊唁，阮籍欢喜相迎。当安葬母亲时，阮籍又蒸了一只小猪，喝了二斗酒，呼号一声，口吐鲜血，精神颓废良久。显然，在当时的社会背景之下，阮籍不尊礼法、佯醉放诞的表现和其真诚至孝的品质形成强烈的反差，表明他内心充满着矛盾和痛苦。作为有良知的名士，往往把对时代的无奈感受和辛辣批判展现于笔墨。此时期，阮籍作《大人先生传》，把虚伪的礼法之士，比作裤裆里的虱子，为利而丧命，为爵禄而灭家，等等。与阮籍的佯狂避世、愤世著文相似，嵇康隐逸洛阳，也在现实的触发下著文立说。

甘露元年四月，年仅十六岁的皇帝曹髦来到太学，听太学博士讲《周易》《尚书》《礼记》等。曹髦自幼好学，思维敏锐，不仅对儒家经典有自己独到的理解，也对曹魏王室的处境深感忧虑。他曾经就殷商的中兴之君少康和创建汉朝的高祖刘邦孰优孰劣问题与荀颢、崔赞、袁亮、钟毓等人辩论，认为中兴之君的功业要大于创业之君，以此来借古论今希望自己能有所作为，复兴曹魏。故而，被钟会称之为"才同陈思，武类太祖"。但是，也被清代学者钱大昕认为是："少康之论，意在司马氏也。聪明太露，终为权臣所忌，失艰贞自晦之义。"钱氏之论亦有道理。虽然曹髦志向颇大，但是又的确不能深谙时局，"聪明太露"。这次来到太学，曹髦又一连提出经学史上的四个问题与诸博士辩论，并有意识地对王肃经学异于郑玄之说的地方加以问难。曹魏时期，王、郑学说纷争激烈，王肃喜欢汉代贾逵、马融的学说，不喜欢郑说，往往立论与之针锋相对。王肃为《论语》《诗经》《尚书》及"三礼"等均做过注解，多列为学官。加上，王肃又是司马昭的岳父，其学受到朝野上下的推崇。王氏门人众多，在太学中占据主流地位。在这次辩论中，其中一个回合是曹髦与王肃弟子庾峻的辩论。首先，曹髦发问："《尚书》中说，有智慧的圣人能够知人，可以授人官职。然而，尧却试用了鲧九年，而不得其用，尧怎么可以说是有智慧的圣人呢？"庾峻对答说："我看《尚书》，圣人做事情，不能没有过失，像尧的过失在于共工、驩兜、三苗、鲧'四凶'，周公的过失在于其弟管叔、蔡叔，孔子的过失在于弟子宰予。"曹髦反答说："尧任用鲧，鲧治水九年，乱用五行之物，没有成功；孔子与宰予之事，虽限于言行，但轻重已经不同了；至于周公处置管叔、蔡叔之事迹，在《尚书》中有记载，自己也应该有过失。"对于曹髦的逼问，庾峻显然无法作出通晓的解释，只好说："此皆先贤所疑，非臣寡见所能究论。"曹髦怀疑周公等圣人的辩论，更多地包含着对顺服司马氏的经生与大臣们的不满。

太学的辩论很快传到嵇康的耳中，尤其是听到曹髦这种疑圣思想，他受到很大的震动，围绕着周公与管叔、蔡叔的事件，嵇康写下了《管蔡论》。这篇文章是以问答的形式写成的，提问者或许是嵇康在太学中的朋友，也可能是嵇康根据太学中的论辩而虚设的人。先是提问者提出问题："据典籍记载，周公的弟弟管叔与蔡叔散布谣言，发动叛乱。周公奉命兴兵征伐，用叛逆的罪名诛杀二人。从此，管、蔡二人叛逆的恶名流传千年。难道说像周文王、周武王、周公这样贤明的人，竟然不能鉴别出行为不轨的二人；还让二人治理殷商遗民，封土加爵，促使二人的恶行加重，最终祸国。在事理上，这些事情实在说不通啊。"嵇康针对问题加以解释：

首先，嵇康认为过去周文王、周武王根据管叔、蔡叔的实际表现加以委用；周公诛伐二人也是依据形势变化而作出的权变。周公的权变行为为后人所熟知，而文王、武王的用人根据却不被后人知道。实际上，管叔、蔡叔都是遵循道义的人，所以受到提拔和重用，赐爵封地，委任安抚殷地的遗民。武王去世，成王年幼，周公摄政，统领朝野，谋求光大先业。但是，面对这一重大变故，管、蔡却不能通晓达变，兴兵叛乱，招致杀身之祸。这也是由于二人忠心于西周王室，对周公产生了怀疑所致。

接着，嵇康进一步解释，虽然当时朝廷中君臣互相信任，但是，有很多外藩之臣被迷惑，而不拥立朝廷。因此，周公隐忍亲情诛伐管、蔡，不回避王室。虽然管、蔡有忠诚之心，兴师动机也是好的，但是最终的行为却是错误的，因此要遭到惩治。也因为惩治，他们的罪名被彰显，而忠诚之心却被隐没了。而写史书的人相信二人有恶名就有恶行，却不明白他们的恶名、恶行的由来，因此，使后人感觉文王、武王、周公三位圣人也不贤明。其实，经过推理，很容易明白：如果三位圣人贤明，那么他们就不会助长邪恶，任用顽凶之人。管、蔡自然也不会是邪恶、顽凶之人，当然不会去图谋反对父亲和兄长。同样，被任用的人必定是忠良之人，三位圣人根据实际任用管、蔡，故而他们的本心也肯定是忠良的。因此，可以说，管、蔡面对周公摄政，心怀疑惑，但不能说他们不忠贤。忠贤的人可以不通晓圣人权变。三位圣人并不是任用恶人，而周公又不得不诛伐亲人。只有这样，三位圣人的任人和周公的诛伐才都是正确的，管、蔡反叛的本意才能被人理解，在事理上才能讲得通。

可见，嵇康的这篇文章在强调圣人贤明的前提下，通过解读管、蔡反叛的主观动机和实际行为来融通历史事件，具有较强的说服力。如果联系司马氏专权、曹髦的太学之辩，嵇康的这种解读就不仅解答了曹髦的怀疑，也讽喻了司马氏专政，为毌丘俭、文钦等人的叛乱鸣不平。

太学隐逸　交游论学

在洛阳，太学可能是嵇康隐逸的主要地方，那里浓厚的学术氛围，不仅可以有效地遮掩其行为，也使其苦闷彷徨的心灵得到暂时的平静。太学里，士人集中，思想相对自由，不仅充满着知识分子的执着与激情，也弥漫着交游与论辩的风气。大概在那里，嵇康与阮侃、袁准、公孙崇、张邈等诸多的新旧朋友重逢或结识。这些人的事迹，史料记载较为缺乏，仅罗列如下：

阮侃，字德如，陈留（今属河南开封）人，性格沉静，自幼聪慧，好学博识，风仪雅润，通晓医术，撰有《毛诗音》。《世说新语》中所记载的名士许允丑陋却贤惠卓识的妻子就是阮侃的妹妹。阮侃和嵇康是知己，二人结交应该很早。嘉平六年，许允因参与李丰、夏侯玄事件被贬徙，阮侃可能也受到牵连遭贬他方，中途取道山阳会见嵇康。嵇康写诗相赠，用郢人和匠石的关系比拟他们的友情，劝慰阮侃捐弃高位、摆脱美名的羁绊，自由自在地生活。阮侃则用兰石之交，形容二人友情的坚固和美好，并接受了嵇康养生全真、追慕逍遥的建议。后来，阮侃官至河内太守。

袁准，字孝尼，为人忠信公正，性情恬淡，为学不耻下问，常恐人之不胜己。以世事多艰险之故，一生隐居著书。曾为《周易》《周礼》《诗经》等作传，发掘其中的微言大义。和阮籍、嵇康熟知。史载，阮籍常在袁准家饮酒、夙夜不归。袁准曾想向嵇康学《广陵散》，但遭到嵇康拒绝。

公孙崇，字显宗，谯国（今安徽宿县西南）人，当过尚书郎。与嵇康为同乡，也与吕安、山涛有交往。

张邈，字辽叔（一说叔辽），钜鹿（今河北省巨鹿）人。父亲为张泰，做过曹魏大鸿胪。张邈事迹虽然不详，但在《嵇康集》中收录了二人的辩论文章，二人当有一些交往。

在太学的游历中，素喜论辩的嵇康也和朋友进行了一些学术辩论，发表自己对玄学思想、社会风俗、政治状况等方面的看法。这些看法对了解嵇康这一时期的生活与思想非常重要，故详述如下。

住宅与命运之辩

住宅和命运之辩是在嵇康和阮侃之间进行的一场辩论。现存阮侃的《宅无吉凶摄生论》《释〈难宅无吉凶摄生论〉》和嵇康的《难〈宅无吉凶摄生论〉》《答〈释难宅无吉凶摄生论〉》四篇文章。

关于住宅与命运的问题，自古是方术家所关心的重要问题。如果说，一些人是通过宗教信仰、哲学思考来面对命运无常的问题，那么更多的人则通过占卜、风水、巫术等神秘的方术来解决自己命运的困惑。据《尚书》载，春秋时，周成王想在丰镐建造住宅，先让召公来相一下宅邑。东汉以来方术盛行，相宅观命运非常流行，蔓延于社会的各种阶层。尤其是到了魏晋时期，战乱四起，政权跌宕，乃至瘟疫时而泛滥，人们对死亡的惊恐、对生命的追求比任何一个朝代都强烈。因此，魏晋人对住宅风水的关注，更为突显，涉及面极广，门类驳杂，有阴阳宅相法，也有住宅周围环境的相形之法，其中又杂糅了阴阳、五行等理论。阮侃的《宅无吉凶摄生论》就是对当时流行的住宅决定命运、贵贱的方术理论的一种批判。

首先，阮侃认为善于养生长寿的人，一定懂得疾病产生的原因，所以他们能防患于未然，免去灾祸。然而，一些人不追究灾祸产生的原因，却从毫不相关的住宅、墓地的风水上去探求灾祸会不会产生、生命会不会长寿，这无异于缘木求鱼，愚蠢至极。在生活中，人们知道酒后行走受到风凉，肢体会疼痛；遭受风疹，皮肤会痛痒；常居住于潮湿之处，易患偏瘫；房事无度，精力会疲乏……这些才是疾病、灾祸产生的原因。健康长寿之道在于心平气和、清心寡欲、导引性情、合理养生。

进一步，阮侃从历史和生活经验方面论说：曾经有位养蚕者，动口都是忌讳，这样的小心，蚕丝却没见增多。后来受人指点，在养蚕过程中注意用火来调节蚕房的冷热、燥湿，不顾各种忌讳，而蚕丝却收获颇丰。养生之道犹如养蚕，需要抛却各种忌讳，遵循导养的规律。寿命的长短和人们的贵贱也没有关系。让一个愚民住进宰相的府邸，他也不会因此而成为宰相。实际上，长寿比贵贱更难求。殇子早夭，不因为居住的是百年"寿官"而长寿；彭祖长寿八百岁，也不因为他居住的房子建造时不合吉凶时日而短命。因此看来，生命有其自然期限，不可以人为地强求。爱惜生命，躲避灾祸，需要遵循事理：躲避盗贼，莫过于遵循速逃之理，以免被虏。养生之道，莫过于遵循先知之理。孔子有疾病，大夫却说："孔子居住安逸，饮食得当，所得的是'天病'，大夫是没有用的。"孔子知天乐命，懂得顺从自然生命。又之，方术认为建房需要选择吉日，但是古代的圣王往往不在乎此事，只有末代的君主信奉此事。住进"寿官"的早夭；祈求多生男孩的，却无人继承王位。原因何在？皇城的高台深宫阻隔了寒暑之气，酒色无度毒害了精气，所以不能祈盼如愿。有的人则说这是相住宅的人技艺不够精湛的原因。如果连皇帝找来的都不是高明的相师，那么其他人就更难找到高明的相师了。这个道理，好比养在同一围栏中的鸡和羊，宾客来了，有的被杀，有的留下，难道这和居住环境有关系吗？所以说，生命自有定数，知命者不相信住宅攸关命运的风水之说。历史上的许负、英布、彭祖、殇子的天祸、寿福都遵循了性命定数。凭借聪明智慧不能逃避灾祸，凭借努力也不能获得幸福。孔子登东山而视鲁国为小，登泰山而视天下为小。从高处俯览，东西南北的地貌具有相对性；但是，达观的人看到的是天地大道的自然简易之理。

最后，阮侃从现实情况论说：相师观验旧宅往往应验，而观验新宅不灵。以观验旧宅之术用于新宅，这好比是让本行驶在水里的船行驶在陆地上，不明事理，荒诞不经。观验住宅与命运，类似占卜之理。龟甲、蓍草所展示的卦象，仅表示未来命运的征兆，但不能制造吉凶。人为建造住宅，虚构一个吉凶卦象，但日后未必如此。此外，民间流传的剪裁衣服、播种庄稼也要选择吉日，结果导致制衣不及时而得了伤寒病，播种不及时错过了雨水。天寒加衣，雨后播种，贼至躲逃，这些都是生活常识。现在却背离这些常识或规律，追求虚妄的方术，疾病、祸患则会不断到来。事实上，那些以占卜出名的"大师"，指引别人求福，而自己却一贫如洗，所以民间才有"知星宿，衣不覆"的谚语流传。

针对阮侃的上述观点,嵇康作《难〈宅无吉凶摄生论〉》加以辩驳。首先,嵇康认为神灵远离世人,吉凶祸福实在难以探明,所以孔子不回答关于死的问题,也慎言神怪问题。但是,古圣先贤知道一些方术技法不能与世人共有,只是深藏不露而已。阮侃断然否定住宅与吉凶有关的论断,实属固陋己见。进而,嵇康针对阮侃的一些论述分而驳之:

关于术士运用五行说选择住宅方位。嵇康认为运用五行说选择住宅位置,难免会有失误,但是也不能完全否定。社会中没有自然而治的道术,礼制音乐政令等虽显露于公众,但尚且有疏漏,何况那些幽微冥昧的事情呢,失误是难免的。因此,阮侃仅仅以愚民百姓养蚕耕种为例子,宣称不存在阴阳吉凶的道理,这好比噎食而怨恨粮食,溺水而责备船只,是说明不了问题的。

关于生死夭寿、吉凶祸福与命相的问题。嵇康反对阮侃命运自有其定数,寿命自有长短的观点。唐尧虞舜之时天下太平,所以人们的生命一同延长。战国时期,战乱不已,长平一战中赵国四十万士兵被秦军活埋,他们的寿命一同缩短。加上,自古以来善恶报应之事不断。这些都说明命运不是先天的定数、命相所决定的,后天的努力是可以改变命运的。如果说命相不可以改变,人们又何必服用黄丸药来帮助消化呢?如果把吃药也作为命中的定数之一,那么住宅为什么不可以说也是定数之一呢？所以说命相只需要药，不需要住宅的说法是矛盾的，难以服众。此外，嵇康还认为阮侃一方面说寿夭靠后天的人为可以加以提升；另一方面又说欲想健康长寿，要懂得患病的原因。一方面强调彭祖、殇子是性命自然，另一方面又宣扬正确的导引可以养生。这些都是自相矛盾的。

关于养生之道。嵇康认为养生之道不仅是阮侃所说的清心寡欲、平顺和谐，还包括其他的外部因素。诸如，危邦不入，避免受到政治混乱的伤害；敲梆巡夜，避免暴徒的祸害；选择干燥的高处居住，避免风寒湿毒疾病，等等。如果单凭借修身养性，没有人能超过单豹，七十岁时还貌似孩童。然而，单豹最终被老虎吞食。如果说单豹命中注定该被虎所食，那么清心寡欲对长生又有什么益处呢？可见，长生不仅仅需要修静内心，还要注意防范外界。

关于观宅与吉凶。嵇康认为阮侃的观点也存在自相矛盾。观验旧宅而灵验，是观验宅子，还是观验居住者？如果是观验居住者而灵验，那属于观人而不是观旧宅了；如果观验的是旧宅而灵验，那说明宅子本身就有吉凶，影响了居住者的命运。既然吉凶是由宅子引起，那么为什么新的宅子没有这功能呢？如果吉凶是由居住者引起，那么对旧宅的观验也没有意义了。如果是这样，吉凶还能不能观验呢？究竟吉凶与住宅有没有关系，还是无法解决啊。

关于观宅术和占卜术。嵇康认为观宅术和占卜术一样，都是可以改变吉凶的，否则就没有存在的意义。古代的圣王在做出大行动前，总是通过占卜做出选择：诸如周武王定都镐京，周公迁都洛阳等历史事件。

关于居住者和吉凶的问题。嵇康认为吉利的住宅不能独自产生幸福，君子既有贤才，占卜良居，又能顺性积善，才能享有吉利。就像良农既要有好的技术，又选择良田，再加上辛勤的劳动，才会五谷丰收。因而，住宅的吉凶要结合内外各种条件综合地看待。

关于选择吉日与祈祷的问题。嵇康认为二者有关系，在历史上，商汤在桑林求雨治旱，周公为武王祈祷病愈，《诗经》中也有这种说法。可见，选择吉日祈祷是历史上的成说，不能否定。

关于对命运之理的认识。嵇康认为强盗来了就快逃，疾病来了就吃黄丸药，都不是防患于未然的做法，没有注意到事物发展的幽微之时。因而，可以说，天下事物的微妙，言语不能全部说出，数字也不能全部计算出。只有圣人才能体悟精微的玄理，知晓未来要发生的事；而庶民百姓只能看到变化，不知道为什么变化。仅凭躲避强盗、吃药治病的常识而得出了明白命运之理，这就像春生夏死的蟪蛄虫否认冰雪的存在。想凭借自己浅陋的知识，判决断古人存而不论的事情，这好比西戎人询问中原人麻布，即使他们看见了麻种也不知道麻布是怎么产生的。

在以上的论辩中，虽然嵇康的观点具有某些神秘性，但是从逻辑上看，嵇康却有效地揭示阮侃观点中的不足和自相矛盾之处。针对嵇康的辩驳，阮侃又作了《释〈难宅无吉凶摄生论〉》，逐条加以反驳。

首先，阮侃认为历来古代的圣贤对待鬼神有两种态度：一是强调鬼神的存在，确立宗庙祭祖的意义。一是不言鬼神，防止末流方术迷惑民众。实际上，礼乐制度和鬼神观念都有自己存在的范围和价值。墨子著《明鬼》，董无心加以反驳，二人都失于一偏。太相信鬼神则愚昧，完全不相信鬼神则荒诞。但过分地相信鬼神，则私神广树，国家信奉的正神则会遭到废弃，淫邪的忌讳则会出现。所以，导致宅墓风水术兴起，怪异不正之心流行。这也是讨论鬼神的原因。

其次，阮侃认为住宅的作用和内在修养是和顺一体的。命运不仅受制于先天的禀赋，还和后天遵循天道、和顺的养生有关。就像孟子侧重内心的修养来对待自己的命运。真正懂得命运的人知道避免死于非命的危险，也绝不会总站在将要倒塌的高墙下面。进而，阮侃认为他是从人的生活方式方面提出住宅、墓地和寿夭无关，而嵇康曲解了自己的观点。

养生、治病也与相命是一回事，都不可偏废。不能因为说药能治病为实有，从而证明宅无吉凶之事为诬妄，长平被害的四十万人也都居住于凶宅里。而是应该兼顾地理解：单豹只专注内心修养而忽略了外部的虎害，张毅专注外在的行为而忽略了内在的病患。从内外和顺的角度说，单豹、张毅都失于一偏。所以，不能只强调住宅的作用，而忽略养生之道。

再次，阮侃重申占卜只能预测而不能改变命运的观点。他认为占卜所得的卦象与相面所得的面相，都是自然而来的。人们所仿制的卦爻、预测来的面相是不可能如愿以偿的。同样，非故意建造的住宅可以观测吉凶，人为刻意建造的往往无效。所以说，不是住宅决定命运，而是人事征验住宅的吉凶。《周易·系辞》所说的君子行事可以预测未来，也并没有说可以改变未来。周人创制了占卜，但也没有延长周朝的时间。《诗经》里说建房时门户开在西南方向，《礼记·曲礼》中说宗庙、牲口房、库房依次从前往后建造。这些都是自古相传的道理，遵循人们生活的需要而已，不存在受太岁星伤害福庆的忌讳制约。虽然嵇康承认吉宅不能单独决定居住者的幸福，就像五谷丰收还需要高超的技术、沃土和辛勤劳作一样，但如果迷信方术，妄求丰收，就会像宋人拔苗助长一样破坏农耕。

第四，阮侃认为古代圣王选择吉日建宅有其良好的目的。周公为武王之病祈祷神灵，而孔子却反对子路为自己祈祷神灵。出现这两种不同情况，是因为周公表达的是君臣之情，需用一定的礼仪形式，而孔子不需要这种形式。同样，圣王建房也是如此，选择吉日的目的在于劝勉人们辛勤耕作；而世俗之人选择吉日，虽然表面相同，但是已经陷入迷信妄说之中，与圣王目的背道了。

最后，阮侃认为理智所认识的事物都在经验范围之内，对于不知道的事物，不应该妄加揣测。针对嵇康批判自己局限于经验之中，阮侃批评嵇康神游于经验之外，执迷不悟。

显然，阮侃在《释〈难宅无吉凶摄生论〉》中，对命运产生的原因、鬼神的存在、命运与住宅的关系、住宅与占卜的关系等作了一些深化，并部分地澄清了自己的前论。针对阮侃的驳文，嵇康又作《答〈释难宅无吉凶摄生论〉》加以反驳。

嵇康认为古代的圣王治理天下，为了广施教化，发布诏训，无论贤愚都不能违背，不能轻易地改变。但是，像那些玄奥精深的道理，却无法用语言来表达，一般人也不能理解。因此，善于探求事理的人一定要注意细微的特征，做到触类旁通，不执着于己见。基于这样的引论，嵇康具体批驳阮文。

首先，关于有无鬼神的问题。针对阮侃"过分肯定有鬼神为愚昧无知，过分肯定无鬼神为虚妄荒诞"的观点，嵇康指出不存在相信鬼神的限度问题。阮侃所说的，河图洛书之事求诸于鬼神、建筑宗庙敬拜鬼神、孔子不回答子路问鬼神等是委心于无鬼之论。而阮侃又录载古人有鬼之事，显然是担心否定鬼神会带来弊端。这种辩解虽然巧妙，但难以圆通。进而，嵇康认为古人追求与天地合德，行事顺应自然，没有不信而有征的，不会虚设宗庙欺骗后世子孙，利用鬼神迷惑后人。虽然鬼神是存在的，但是也不能万事偏执于鬼神之说，也要阐明事物的本然，使人与鬼均得商议，这样阴阳二世才能得到畅通。

其次，关于古代圣王选定吉日的问题。嵇康认为阮侃既说圣王选择吉日是为了告诫人们不要懈怠，又说盛世之王不需要选择吉日，这两种说法自相矛盾。假如阮侃所论成立的话，盛王选定的吉日施行于太平之世，而后代帝王继承就变成了妖妄之说，这好比先王创制了雅乐，而后代却继承了邪声。显然，这是只看到事物的弊端，动辄便摒弃好的一面，而不去考虑事物本原的片面做法。另外，阮侃一方面肯定占卜，相信以八卦、阴阳、五行、天干、地支等理论可推知吉凶祸福；另一方面又否定根据那些理论确定的时辰日期，显然也是不辨本末的说法。至于阮侃认为河图洛书、宗庙鬼神是虚假不可信，祭祀祈祷是虚伪形式，选择吉日是为了劝诫百姓等，无异于说圣人专意造假欺骗天下。连古代的圣人都被如此评议，宅地、墓地有吉凶的说法遭到攻击，也不足为奇了。

再次，关于命运不可改变的问题。嵇康认为阮侃一方面承认人的相命有先天的定数，智慧不足以改变，故而观相人的命运可以成功。另一方面又认为命运的吉利，受正确生活方式的指导，需要履信思顺。这样一来又产生了自相矛盾。如果履信思顺的生活方式可以成就相命，那么周亚夫又是由于犯了何种罪过而招致饥饿的惩罚？英布又是由于修养了何种品德而得到封王？活羊积蓄了多少善事而得以生存？被杀的羊负有何种罪名而招致灾祸？所以说，相命论和信顺的生活方式存在矛盾，不可融通。

第四，关于有相命和无相命的问题。嵇康认为阮侃一方面说相命说不应当受人数多少的疑惑，长平被害的四十万赵卒的命运是相同的；另一方面又遵循孟子所说知晓命运的人不站在倾危的墙壁之下。这又产生了矛盾，知晓了自己的命运，站在危墙下又有什么惧怕的呢？秦将白起又何尝不是赵卒的"危墙"呢？到底是有命相还是无命相？同样，既然阮侃已经立论宅无吉凶说，那么又对存在四十万人同居的凶宅加以质问，这也存在矛盾，难以服人。

第五，关于占卜与住宅的问题。嵇康反对阮侃住宅决定命运、人为可使住宅呈现吉凶的说法。认为住宅本身的结构具有吉凶的性质，而相命术就是通过外在的结构，观察内在的变化，不仅可由人事验证住宅，住宅也可以成就人事。如果仅凭外貌，英布遭到墨刑毁相，但未减损后来的富贵命运，仍被封为王。公孙述、王莽也不因人为制造天命标识而成为天子。公侯外在的面貌或标识跟其实质是不同的。公侯的命运受制于自然天性，人力不可以改变。住宅的吉名和住宅的吉运，同为住宅实有的属性。那些没有被征验吉祥而自名为吉宅的，可以用征验虚假对其诘难。住宅是人的身外之物，其大小方圆等具有人为的因素。因此，人和住宅不能相互比喻，不能以人不可改变的命运，弃绝可以改变的住宅。

第六，关于地方的好坏与吉凶的问题。阮侃认为猎人可以事先占卜，预知吉凶。同时，又认为地域的好坏与猛虎的有无有关。既然如此，嵇康认为猎人也可以通过占卜选择居住地，不局限于选择猎物。阮侃又认为地方的吉凶对所有居住的人是相同的，无论是姓宫还是姓商。嵇康反驳说阮侃不懂姓氏的理论。人的姓氏发音是依据角、徵、宫、商、羽五音划分的，遵循阴阳五行相生相克的规律，所以同姓的人不能通婚，以免不利于繁殖后代。人是如此，地方也应该如此。遵循万物之理需要天、地、人三才相互和谐。同调之音应该相互应合，异调之音应该相互追求，这样才能各适其宜。地方的好坏吉凶也是遵循这种道理。

第七，关于药物与住宅吉凶。阮侃认为良药治病与相命是同类之事，是可信的。但是，住宅的吉凶与相命是同类事的说法不可信。嵇康加以反驳：良药治病因为很快得到征验，所以可以相信。住宅吉凶的报应征验十分久远，所以受到怀疑。假如以近见为实，以远见为虚，那么恐怕能够获取的佳物就太少了吧。看见了河沟水渠的狭小，便去怀疑江海的广阔；看到丘陵小山的低矮，便去怀疑泰山的高峻。如果持守良药便去摒弃吉宅，看见近验便去否定远报，这好比海边的渔夫终生不知道有高山的存在，山中独居的人不知道有大鱼的存在。

第八，关于理智与吉凶。阮侃认为人的智力所知道的事物，不如不知道的事物多，不可以加以妄求。嵇康反驳认为：命运产生于神秘的宇宙力量，没有形象。人们的理智认知要凭借形象、经验才能征验，把这应用于命相说是不对的。探讨事物的内在规律，好比是优秀的猎人打猎，即使寻找到猎物的踪迹，时常又是一无所获。但是，要获得猎物，又必须通过这一途径。对于住宅吉凶的讨论也是这样，吉凶不可以事先预知，便说吉凶不可谋求，不再举足前行，这和因为事前不知狩猎结果就不再去打猎是一样的荒谬。因此看来，运用理智探求神秘事物的规律也不能称之为妄求。

嵇康与阮侃两个回合的辩论，从形式上看，阮侃的论述往往在逻辑上牵强附会，持据含混，常常出现自相矛盾。而嵇康显得侧重事理分析，紧扣问题，采用设问与推理的方法，揭示了阮侃观点的不足。而且，嵇康的论辩文辞犀利、洒脱自如，气势远胜对方。从内容上看，双方主要围绕有神无神、性命自然、养生延寿等方面揭示占卜与住宅的吉凶问题。在论战中，嵇康对养生理论的信奉与分析具有典型的时代特色，展现了魏晋人对养生的追求、对方术的嗜爱；同时，嵇康在论辩中把元气、阴阳、五行、八卦等具有神秘性的象数理论与玄学追求自然的特质结合起来，推动了玄学和养生学理论的发展。

自然好学之辩

自然好学之辩，是嵇康与张邈进行的一次重要辩论。张邈的事迹，虽然史书不载，但他与嵇康关于"自然好学"的辩论文章《自然好学论》完整地保留了下来。在《自然好学论》中，张邈表达了以下观点：

首先，张邈认为：喜、怒、哀、乐、爱、恶、欲、惧是人生来就有的八种基本情感。诸如得意就会高兴，受到侵犯就会愤怒，离别就会悲哀，听到和美的音乐就会愉悦，生育儿女就会疼爱，违背意愿就会厌恶，饥饿就会想到吃饭，受到胁迫就会恐惧。这八种情感是不用教育培养而具备的，是人们自然本能的展现。

接着，张邈根据人类社会发展的历史认为：在原始社会，人们不知道用火烧煮食物，过着茹毛饮血的日子，仅能解决饮食问题。如果用火烧煮食物，再加上兰花、橘皮一类的调料，即使过去没吃过，人们品尝后也肯定会感到味道鲜美。同样，最初人们高兴时拍打肚皮、手舞足蹈地唱歌。如果运用管弦乐器和羽毛做的装饰，即使过去从来没见过，人们也会乐于接受。人性是自然率真的，如果不加教育，情感就会肆心而发：高兴时便会追求欲望，愤怒时便会想到惩罚。所以要采用合适的方式去褒扬赏罚、惩恶扬善，这样情感就能得到有效的控制：居丧时，穿草鞋、用草席，表达哀情；修建护城河，增加城池险阻，消除恐惧；制造刀箭，用之于战争，发泄怨愤；积累财富，用于赏赐。对于这些做法，即使过去没有，但是，一经实施人们没有不心悦诚服的。

最后，张邈从生活经验出发加以阐述，认为：人们白天劳作，晚上睡觉，这是自然天道使然，人们习以为常。在黑暗的房间里看到烛光，即使不教化，也会感到喜悦。若见到灿烂的阳光，也会心中愉悦。原始的蒙昧状态好比漫漫的长夜，儒家的六经好比灿烂的阳光，六经帮助人们走出愚昧，人们心悦欢迎，这是受先天本性所驱使。即使人们学习六经的目的夹杂一些功名利禄的想法，也不能因此否定人们有自然好学的本性。

张邈的这篇文章，继承了正始玄学调和名教与自然的思想，从人的情感的自然性推导出"好学"也是人的自然天性。从情感入手阐释"自然"，这是魏晋时期的玄学家讨论问题的基本思路。何晏就认为"圣人无喜怒哀乐"，圣人心中没有任何欲望。王弼则认为圣人之所以为圣人，在于他超出常人的智慧；在情感方面，圣人与常人相同，只是在与外物接触时，不受情感的干扰，其精神境界仍是平静的，即"应物而无累于物"。这些正是张邈理论的基础。当他把学习六经作为人的内在属性时，恰恰也承认了"名教同于自然"。看到张邈这篇文章，嵇康写了《难自然好学论》加以反驳。

首先，从社会发展的历史反驳"自然好学"论。嵇康认为人的自然本性是喜欢平安厌恶危险，喜欢安逸厌恶劳动，所以不被外物骚扰才能心满自得，不受外界威迫才能情致如意。在原始社会，质朴淳清的风俗还没有丧失，君主不制定礼法，人民也没有争利之心，万物按其自然本性生存，莫不怡然自得。饱则安然入睡，饥则寻求食物，心悦则抚腹而歌，完全不知道自己生活在盛德之世。像这样，哪里用得着仁义道德、礼法条文呢？后来，至德的圣人不存在了，治世的大道理也遭到破坏，于是创制文字，来传达心意；定制族群，以便区分万物的差异；创立仁义道德，来约束人们的情思；建立不同的等级名分，来规范人们的行为；通过劝勉学习考究文辞，来推行教化。基于此，儒家的六经相继出现，诸子百家之说众说纷纭，开辟了荣名利禄之途，人们竞相追逐而自己却觉察不到。像贪吃的禽鸟竞逐园林池塘中的食物一样，谋求安逸的士人违背了自然本性，随众从俗，手执笔筒，学习经义，代替了农业劳作。人们遇到困难便去学习，通过学习获得荣显，长此以往学习成为习惯，这看似出于人的自然天性，被称之为"自然好学"。因此，推究原委，儒家的六经以抑制导引人的性情为根本，而人的性情却以满足欲望为乐。抑制导引则会违背人的愿望，而只有顺应性情才能恢复人的自然天性。因此说，自然天性的获得不来自儒家的六经，保全人性的根本也不来自礼法制度。仁义道德往往产生虚伪，清廉逊让又常引起争名夺利。和良禽都不会泯灭自己的天性而求助于人类的驯服，猛兽也不会随众趋群而求助于人的圈养一样，人的天性是崇尚无为的而不应沉溺于礼法制度。

其次，从生活经验反驳张邈"自然好学"论。嵇康认为人对于甜苦的味道、身体对痛痒的感觉都是接触到外物后才产生的，并不是学习然后得到的，待于外界然后有的，这是必然的道理。但是以这些道理论证自然好学，结果就会陷入似是而非的境地。如果把六经作为准绳，把仁义作为主旨，把礼法当作马车，把讲说训诲作为手段，认为遵循这些便顺畅无阻，违背了就阻滞难行。从而学习研究局限于六经，奔波思考局限于自己的职位，高谈阔论以读经为贵，手执经书、寻章摘句陷入自我陶醉，把信服的名言作为至理。这样一来，就会得出六经为太阳，不学为长夜的结论。但是，如果把君主的明堂当作墓舍，把读经之声当作鬼话，把六经当作芜秽，把仁义当作腐臭，认为阅读六经使人眼睛昏花，演习礼仪使人驼背，穿上礼服使人痉挛，谈论礼典使人蛀牙，把礼乐文化全部抛却，依随万物自然生活，不用担心不好学会带来缺憾。因此，不学习未必是长夜，六经也未必是太阳。俗话说，乞讨之人不以向马医乞食为耻辱。如果时逢上古没有文字的治世，可以不用学习自然安逸，不必勤劳自然心满意足，又何必要求助于六经，何必期望于仁义道德呢？当今的学者，难道不是先经过思虑然后学习的吗？既然学习要经过思虑，也就谈不上出于人的自然本性了，"自然好学"论自然也不会成立了。

通读嵇康的驳文，言辞峻峭、辛辣尖刻，甚至蕴含着某种讽刺。一方面，嵇康从事理上反驳"自然好学"论不合乎历史发展规律，存在逻辑上的矛盾。另一方面，嵇康坚定地站在道家自然无为的立场，反对儒家六经、礼教对人性的约束。这也是对现实中司马氏权贵的尖锐批判。司马氏以服膺儒教为传统，表面上借助手中权势提倡孝道，重视礼制，而实际上是为了维护专权、镇压叛乱、大肆屠杀名士，儒学、名教成为其虚伪行径的遮盖。儒家的礼制不仅是司马氏争取自身合法地位、维护"名教"的幌子，也成了一些率性求真、不满虚伪政治的名士所针砭的对象。阮籍曾经公开说："礼岂为我设邪！"屡屡做出触犯礼法道德的事情。诸如，阮籍嫂子回娘家，阮籍当面与嫂子告别，恋恋不舍；夜醉邻家酒店，在美丽的老板娘身边酣梦；甚至为一个素不相识的漂亮姑娘之死而悲恸大哭；等等。因此，可以理解嵇康为什么在这场辩论中言辞如此犀利，毫不留情地批判张邈的观点，甚至提出"把六经当作芜秽，把仁义当作腐臭"等极端的观点，这实际也是嵇康对司马氏执政时的所作所为进行痛斥。

钟会造访　避难别友

表面看起来，除了在太学参加辩论和其他一些活动之外，嵇康在洛阳的生活是很平静的。据《文士传》记载，嵇康的居住处有棵大柳树，在夏天凉快的时候，嵇康便在树下锻铁，其目的主要是为了锻炼身体。有人来锻铁，嵇康也不收取任何费用，仅收下亲朋旧友带来的酒食，一起痛饮清谈。《向秀别传》又载向秀"常与嵇康偶锻于洛邑，与吕安灌园于山阳，收其余利，以供酒食之费"。可能，在嵇康来到洛阳不久，挚友向秀也来到洛阳，嵇康锻铁时，向秀帮助鼓风箱。嵇康打铁偶尔也会收取些费用，补给家用，但多数情况为了自娱和锻炼身体。因而，后人作有《嵇康坐锻赞》一诗："嵇康自逸，手锻为娱。曲池四绕，垂杨一株。铜烟寒灶，铁焰分炉。管踞而坐，何其傲乎。"在崇尚奢靡、重视门第的魏晋社会，二人能摆脱时代风气的束缚，做平民的锻铁工作，是需要莫大的勇气和精神的；同时，作为大名士，二人认为很平静安逸的行为却会在社会上引起重大的反响。

约在甘露二年（257）发生了一件对嵇康的命运有重大影响的事情——钟会来访。钟会来访时乘坐漂亮的马车，又带着大批随从，其中不乏当时的一些贤达名流。钟会来访动机已不可知，可能是因为过去向嵇康院子里投送自己的作品《四本论》时，很不自信，担心受到嵇康的讥讽；而现在被司马昭封为东武亭侯，成了司马昭的心腹，春风得意，踌躇满志，但仍禁不住被嵇康的行为和名声所吸引，前来拜访。也可能是，不久前毌丘俭兵变时，嵇康的行为已经受到司马昭的注意。嵇康在洛阳的活动又引起司马昭的不安，钟会受其委托，前来探察虚实。钟会的车马到来时，恰逢嵇康在大柳树下锻铁，向秀帮助拉风箱烧火。看到钟会到来，嵇康旁若无人，不加理睬，继续扬锤打铁，完全把钟会冷落于一旁。或许嵇康已经认出来者为钟会。钟会早年混迹于清谈圈子，后来又投靠司马氏，助纣为虐，这些行为没有士人品节，当然为嵇康所不齿；也或许是钟会乘肥马、衣轻裘、随从如云的盛气凌人的气势为一向蔑视权贵的嵇康所不齿，不屑于搭理他。当钟会起身离开时，嵇康冷冷地带有藐视意味地问了一句："你是听到什么而来？又是看到什么而离去？"这似乎是说，嵇康就是这样的真率之人，从不在乎你是什么角色，来此有什么目的。而钟会毕竟也是才子，反应也十分机敏，也回答了一句颇耐人寻味的话："听到我所听到的而来，看到我所看到的而离去。"似乎钟会对嵇康的冷落表现得很豁达大度，不以为然。然而，事实上，这件事让钟会感到备受羞辱，比受夏侯玄的冷落还要甚，因此对嵇康怀恨于心，对日后嵇康之死起了推波助澜的重要作用。

钟会的离去，并没有让嵇康的生活恢复往日的平静，反而给嵇康带来了躁动与不安。不久，不祥之事发生了。据《魏氏春秋》记载："大将军尝欲辟嵇康，康既有绝世之言，又从子不善，避之河东，或云避世。"大将军指司马昭。司马昭征辟嵇康的动机已不可考，或许是为了拉拢嵇康为其所用；或者是想收罗嵇康于朝廷之内，放在自己的眼皮底下便于监视；也或许是向世人展示自己的贤明姿态，连桀骜不驯的嵇康都能为其所用。事实上，司马昭想法很不切实际，嵇康和阮籍不一样。阮籍以狂著称，《晋书》中就说他"傲然独得，任性不羁""嗜酒能啸，善弹琴。当其得意，忽忘形骸，时人多谓之痴"。阮籍的狂，尤其是借酒助狂的行为为世人皆知。诸如阮籍母丧期间，竟然去参加司马昭的宴会，而且散发箕踞，饮食酒肉，甚于常人。为拒绝与司马氏联姻，竟然大醉六十天。实际上，"狂"既是阮籍反抗的手段，也是避祸的手段。阮籍以放浪形骸来掩饰自己的愤懑，用酒浇灭自己胸中的块垒。故而，阮籍对时事不加以评论，"口不臧否人物"，实在无法避开就"王顾左右而言他"，或者出语玄远，让人不置可否，躲避政治的迫害。也正是这种"狂"的态度，从表面看阮籍对司马氏的执政没有强有力的直接抵触，司马昭反而为了利用他的名声而处处保护他，满足他的一些要求。司马昭明知联姻遭到阮籍拒绝，却不加追究；明知阮籍和自己标榜的"以孝治天下""名教""礼法"相背驰，却对状告阮籍的何曾说："阮籍因为母亲的去世，伤心得骨瘦如柴，面色憔悴了，你不安慰他，也没有必要说他的坏话。"司马昭甚至引用《礼记》中因病在守孝期间饮酒吃肉是完全符合礼法的言论为阮籍开脱；明知阮籍担任侍郎、步兵校尉等职时整天狂饮烂醉，身在其职而不务其事，也不加过问，甚至帮助他创造条件。但是，和阮籍的狂、不臧否时事、追求心隐身不隐不同，嵇康“刚肠嫉恶、轻肆直言”，过于正直伟岸，刚烈肆言，宁折也不肯弯腰于强权，不会伺机转变风向，这既是嵇康受人普遍尊敬的重要因素，也是其招致非难迫害的重要原因。显然，司马昭征辟嵇康的想法注定要破灭。但是，司马昭的这种意图，很快传到嵇康的耳中。就在这时候，嵇康的一个侄子行为出了问题（可能是违背了“名教礼制”），连累到嵇康。嵇康决定暂时避世于山林。

临行前，嵇康与好友郭遐周、郭遐叔兄弟赠诗话别。郭氏兄弟的生平史无记载，但是从话别诗中可看出他们是冒着政治风险和嵇康话别。可见，二人和嵇康应有深厚的友情。现存郭遐周赠诗三首，今摘录其中一首：

吾无佐世才，时俗不可量。
归我北山阿，逍遥以倡佯。
同气自相求，虎啸谷风凉。
惟予与嵇生，未面分好章。
古人美倾盖，方此何不臧。
掾筝执鸣琴，携手游空房。
栖迟衡门下，何愿于姬姜？
予心好永年，年永怀乐康。

> 我友不斯卒，改计适他方。
>
> 严车感发日，翻然将高翔。
>
> 离别在旦夕，惆怅以增伤。

在这首诗中，郭遐周提到的北阿山，有两种说法：有学者认为是洛阳北山，即北芒山。也有学者认为是坐落在山阳嵇山的别墅，竹林之游的第二个场所。嵇康要避地远游，得先回山阳家中打理一下。在这时候，郭氏兄弟前来送行赠诗，诗中北阿山似乎指后者。在诗中，郭遐周回忆过去与嵇康一起逍遥畅游的情景。二人同气相求，没有见面时，神交已久。有时二人在途中相逢，高兴地亲密交谈，连车篷盖都靠在一起。嵇康虽然娶了曹魏宗亲的女儿，这类似周王室姬姓与齐国的姜姓联姻，但是他不愿因此谋取功名富贵。自己也和嵇康一样追求隐逸安乐的生活。但是，现在志同道合的朋友却要离别，让人惆怅满怀，伤感不已。

郭遐叔也有赠嵇康诗五首，表达离别依恋之情，这里也录其中一首：

> 每念遘会，惟日不足。
>
> 昕往宵归，常苦其速。
>
> 欢接无厌，如川赴谷。
>
> 如何忽尔，将适他俗。
>
> 言驾有日，巾车命仆。

思念君子，温其如玉。

心之忧矣，视丹如绿。

　　郭遐叔在诗中追述与嵇康的交往，每次相聚，兴奋万分，万语千言，常常苦于时光飞逝太快，而言语未尽。现在嵇康突然要去他方，这样一个品德如玉石一样温润高洁的密友要离去，怎么能不感伤万分呢？诗中可见郭遐叔对嵇康充满深切的眷挂之情，久久不能释怀。

　　面对郭氏兄弟的款款情意，嵇康禁不住感伤兴叹，一连写下了三首答诗：

其一

天下悠悠者，下京趋上京。

二郭怀不群，超然来北征。

乐道托莱庐，雅志无所营。

良时遘其愿，遂结欢爱情。

君子义是亲，恩好笃平生。

寡志自生灾，屡使众衅成。

豫子匿梁侧，聂政变其形。

顾此怀怛惕，虑在苟自宁。

今当寄他域，严驾不得停。

本图终宴婉，今更不克并。

三子赠嘉诗，馥如幽兰馨。

恋土思所亲，不知气愤盈。

在这首诗中，嵇康先追忆与二郭的结交。当很多的士人追逐名利，竞相从地方州郡涌向京城，而二郭却胸怀不群之志，高洁其行，超然北来。也就是在这个时候三人订交了，建立了志同道合的友谊，值得终身笃守。然而，嵇康话锋一转，转向叙说现实中自己苦闷而又无奈的处境。嵇康又说，现实中缺少智谋往往会生祸端，积成众怨。像历史上的豫让、聂政那样的勇敢侠士都是行刺不成而被迫自杀，这些均令人感到惊恐不安。时局逼迫，自己只有避难暂求一时的安宁。本来想畅叙彼此深厚的情谊，但是语言实难加以尽抒。

其二

昔蒙父兄祚，少得离负荷。

因疏遂成懒，寝迹北山阿。

但愿养性命，终己靡有他。

良辰不我期，当年值纷华。

坎壈趣世教，常恐婴网罗。

羲农邈已远，拊膺独咨嗟。

朔戒贵尚容，渔父好扬波。

虽逸亦以难，非余心所嘉。

岂若翔区外，餐琼漱朝霞。

遗物弃鄙累，逍遥游太和。

结友集灵岳，弹琴登清歌。

有能从此者，古人何足多！

这首诗中，嵇康向朋友叙说自己的生活经历：自幼深受父兄的恩福，家境稍微殷实，可以免除劳作之苦。但是，也由于这种情况，自己养成懒散的习惯，隐居在北阿山中。自己只想怡养性命，并不贪求其他身外之物。何况，自己没有遇到盛世治世，壮年时又遇到天下大乱。虽然想抑制自己的情趣，曲从世俗的教化，但是又担心受到礼教的羁绊。由于心慕伏羲神农之世，以至自己不喜欢东方朔与世同俗的告诫、渔夫随波逐流的劝勉。嵇康在这首诗中，充分表达了自己的隐逸理想和追求：渴望遨游于世俗之外，遗弃外物所累，和朋友会集于山岳之巅，弹琴高歌。

其三

详观凌世务，屯险多忧虞。

施报更相市，大道匿不舒。

夷路值积棘，安步将焉如？

权智相倾夺，名位不可居。

鸾凤避罻罗，远托昆仑墟。

庄周悼灵龟，越稷嗟王舆。

至人存诸己，隐朴乐玄虚。

功名何足殉，乃欲列简书。

所好亮若兹，杨氏叹交衢。

去去从所志，敢谢道不俱。

　　和上面两首不同，在这首诗中，或许因性情所致，嵇康猛烈地抨击现实，认为：整个社会充满了政治的艰险，令人忧惧，大道隐匿不显，让人不知何去何从。现实中小人们又竞相争夺权位，鸾凤般的高洁之士为了躲避灾祸均渴望能避身于理想中的昆仑仙境。嵇康又举例说，神龟被楚王当作祭物，引起庄子的伤悼；越国君主再三被弑杀，王子搜避祸躲进深山。可见，至德的人追求的是修身充盈自己，功名利禄岂能值得他们去舍命追求呢？郭遐周所谓的"贵身存名，功烈在简书"的入世想法，和自己追求大不相同。这首诗与其说是嵇康的答赠诗，不如说是通过对世道的针砭，发泄自己久抑的悲愤！

　　嵇康的三首答诗，无论是对友情的追忆、离别伤感的描述；还是对世道的抨击、对朋友的劝谕都充分体现了他珍视友情，面对危险坚持自我，不随波逐流，持守超越世俗之累的高洁志行。

隐迹山林　从侣孙王

　　关于嵇康避世的地点，史书中有不同的说法：《三国志·王粲传》引《魏氏春秋》记载嵇康隐迹于与家乡河内郡相邻的河东郡，《晋书·孙登传》《世说新语·栖逸》记载嵇康去了太行山的支脉苏门山（也叫汲郡山），还有书记载嵇康去了河东郡的抱犊山（也叫紫团山）。因此，有学者判断嵇康避世离家后并未长期定居一处，而是在山阳县东北的太行山南麓一带活动。这种说法较为合理，而河东郡可能是嵇康最初去的地方。在避世的生活里，嵇康主要是隐逸于山林，与道士孙登、王烈等交游。现存有关孙登、王烈的史料不多，且记载中还有一些矛盾和神化之处。

孙登，字公和，汲郡共县（今河南辉县）人，也有不知何许人的说法。孙登喜欢读《周易》，琴技高超，善于长啸。夏天编草为裳，冬天披发自覆，赤足而行，居住于山中土窑之中。又时而到世间活动，所经之家，送给他衣食，全不推辞，但临走的时候，却一无所取。据说孙登性情平和，终日也不见说一句话。曾有人故意把他投入水中，看他是否会生气，结果他从水中出来后扬长大笑而去。葛洪《神仙传》中有这样的记载：一次，太傅杨骏把孙登请去，但是孙登始终沉默不语。杨骏没办法，就赠给孙登一件袍子御寒遮体。但是，孙登一出门，便向人借了把刀，把袍子割成两半，扔到杨骏的门前，甚至又把袍子剁碎。杨骏盛怒之下，便把孙登抓了起来。而这时候孙登突然死了，杨骏给了一口棺木，把他埋在振桥。几天后，人们却在董马坡看见了孙登，就捎信给洛川的朋友。等到后来，杨骏犯罪被斩首，人们才明白孙登碎袍是对杨骏未来的一种预示。孙登异举和声名也很快传到司马昭的耳中，司马昭便派阮籍前去拜访，探察虚实。阮籍试着向孙登谈论太古无为之道、三皇五帝之义和养生之术，孙登都不加理睬。无奈之下，阮籍长啸一声而退。当阮籍返回到半山腰，忽然听到山顶传来孙登鸾凤和鸣般的绝美啸声，响彻整个山谷。阮籍受其启发，归来后以孙登为原型写下了著名的《大人先生传》。文中的大人先生德行并重，高深而又平易，顺应造化，宛若仙人。阮籍又借大人先生之口讽刺礼法之士像裤裆中的虱子，躲藏在裤子的缝隙里或破棉絮中，自以为是最好的居宅，整日循规蹈矩，不敢爬出裤裆。而且，每当饥饿时，便去咬人。另有一说是，当阮籍拜访时，孙登正端坐山岩之下，鼓琴自娱。阮籍没法插话，于是以啸声与琴音相合，响彻林壑。

嵇康和阮籍一样，深羡孙登的盛名。据史载，嵇康常在山中采草药，在汲郡山中遇到孙登，被孙登的气质神韵所吸引，追随孙登三年。但是，在这三年中，每当嵇康问其志向所在时，孙登则沉默不言。嵇康经常与孙登在一起，共同采药，时而共同享受琴声的美妙，时而共同长啸，在山林中自在无忧地生活，享受着山林的幽静和大自然的美好风光。虽然，嵇康会偶尔出游其他地方，但是嵇康与孙登的相处是最久，也是最为惬意的。三年后，嵇康将要离去，前去向孙登告别。《晋书·嵇康传》中记载了这么一段意味深长的对话。嵇康问："这三年，您真一句话也不回答吗？"孙登这时才说："你理解火吗？熊熊烈火因为它的光焰，才有存在的价值和作用。这好比人，人天生具有某种才能，只有发挥出来，才能体现人的价值和作用。光焰能够持续发挥自己的光与热，在于不断地添加柴薪；人的价值之所以能够得到发挥，在于深识时局的变化，延保寿命。而现在，你虽有才能，但不能有效地谙察时势，很难避免祸殃。"孙登的临别劝诫，应该是基于三年来对嵇康的了解。嵇康既想追求隐逸山林、养生全真的道家生活，又摆脱不了对社会时局的关心和热情，尤其是他正直刚烈、遇事即发的性格又往往促使其对社会中的丑恶作出毫不留情的是非褒贬，无法像现实中的许多人一样"谙悉时务"，灵活地顺从政治风向及时扭转自己的航向。然而，在这时候，嵇康并没有认识到孙登劝诫的深刻含义。

王烈，字长休，邯郸人。据葛洪《神仙传》记载，王烈年轻时，曾是太学生，学无不览，常与别人谈论儒家的"五经"和诸子百家之言。后来隐居在太行山中，采药服食，与嵇康交往时已经活了三百三十八岁（臧荣绪《晋书》记载为二百余岁），仍有青年容貌。关于二人的交往，有两件事：一次，王烈在山中采药，忽听得一声巨响，山崩地裂，从山石的裂缝中流出了软蜡状的石髓。王烈随手将石髓揉成团，放入口中，如同吃粳米饭一样美味可口。王烈又揉了几个石髓团，作为"异物"，打算送给嵇康。但是等拿给嵇康品尝时，石髓团却变成坚硬的青石。于是，二人返回到原处寻找，却发现山石的裂缝复原如初。还有一次，王烈在抱犊山中发现一所石室，石室里放着一本仙家古书，王烈打开观看，不认识其中的文字，便抄回数十字给嵇康辨认。嵇康全部认得，王烈非常高兴，便携嵇康一同前往观看。然而，等二人照原路寻来时，石室却不见了。王烈非常感叹，私下对弟子说："嵇叔夜虽然志趣非常，但是每次都不能遇到仙家奇缘，命中注定和成仙无缘了。"这两件事可能属于道教徒故意杜撰的传说，但是嵇康跟随王烈学习养生术，服食药石当是可信的。据葛洪的《抱朴子·内篇》记载，山石中确实存在一种叫"黄子"的类似钟乳的物质，尤其是在近水的山中。刚刚打开石头时，黄子是溶絮之状，可以饮食。但是，当停留一会儿后，黄子便凝成石头了。据此看，王烈邀约嵇康一起享受的"异物"，当属于这种山石中的黄子。以石髓为养生治病的药物，也是魏晋人习以为常之事，并非全是荒诞不经的做法。据李时珍《本草纲目》引陈藏器之说，石髓气味甘温，无毒，可以治疗寒热羸瘦、心腹胀满、食欲不振、皮肤枯槁、尿频、痢疾等疾病。嵇康跟随王烈服食这种石髓，不仅符合魏晋人服食养生的习惯，也有一定的科学道理。

在与孙登、王烈交游的日子里，嵇康脱离了俗世的羁绊，强烈地追求养生，渴慕神仙世界，性情所致也写下了一首著名的游仙诗，寄托自己的理想和情感。

> 遥望山上松，隆谷郁青葱。
>
> 自遇一何高，独立迥无双。
>
> 愿想游其下，蹊路绝不通。
>
> 王乔弃我去，乘云驾六龙。
>
> 飘飘又玄圃，黄老路相逢。
>
> 授我自然道，旷若发童蒙。
>
> 采药钟山隅，服食改姿容。
>
> 蝉蜕弃秽累，结友家板桐。
>
> 临觞奏九韶，雅高何邕邕。
>
> 长与俗人别，谁能睹其踪？

这首诗大意是说，遥远的山上有一株松树，长在郁郁葱葱的山壁之上，独立而没有伴侣。嵇康希望能够游于高洁的松树之下，与之为伴，但是山间的小道又断绝不通。这时，仙人王子乔乘着青云、驾着六龙携嵇康同往，一起飘游于玄圃仙境之中。忽而，又遇到黄帝和老子，他们传授给嵇康道家的自然之道，通过服药，改变了容颜；通过与仙人结友、对酒、演奏雅乐，摒弃了凡世俗念，这种永远离开了那些俗世之人的生活是多么美好！显然，在这首诗中，嵇康把傲立霜雪，凛然挺拔的松树，作为高尚人格的象征。与青松为伴，实际上是表达自己的孤傲情操。与那些自由自在的仙人为侣，畅游于明净、高洁的仙境中，实际上是表达嵇康对理想世界的追求。同时，也无不透露出嵇康在现实生活中的遭际与困厄，幻想通过游仙，把尘俗世界中的污秽和丑陋全部摒除，从而得到精神上的愉悦和净化。

第 5 章

名 士 末 途

时局陡艰　丧母返归

在嵇康隐逸山林的日子里，外界并不平静，一系列的政治事件，不断发生。甘露二年，征东将军诸葛诞在淮南起兵叛乱，这是历史上继王凌、毌丘俭之后的"淮南三叛"中的最后一次。

诸葛诞，字公休，琅邪阳都（今山东临沂）人。曾与夏侯玄、邓飏友善，是太和浮华分子中的骨干，也是"八达"之一。在正始曹爽、何晏当政时期，被委任为扬州刺史，加昭武将军，掌管军务。可以说，诸葛诞是曹爽集团中的重要人物，对曹魏政府有深厚的感情。当曹爽、何晏被害后，司马氏并没有对其采取措施，而是保留其官职和军权。在平叛毌丘俭、文钦时，诸葛诞也立下大功，先被司马昭由镇东将军晋封为食邑三千五百户的高平侯，后又转为征东大将军。然而，王凌、毌丘俭等亲曹力量的相继覆灭，颇让诸葛诞感到恐惧，担心类似的厄运降临到自己头上，于是倾散家资，招募士兵，并私养了几千人的亲兵卫队，以备关键时刻之用。诸葛诞的活动，自然没有逃脱司马氏的耳目。在甘露元年，当诸葛诞计划以防备吴军为借口实保淮南，临淮河大筑城池时，就引起司马昭的疑心。次年，司马昭明升诸葛诞为司空，借以架空其在淮南的军政权力，并派心腹贾充去游说诸葛诞同意其禅代，均遭到诸葛诞的拒绝。诸葛诞深知司马昭对异己绝不姑息，即将采取行动，便率先发动兵变，杀死扬州刺史乐继，集中淮南、淮北及扬州的十余万官兵，囤聚粮食，闭城自守。司马昭亲率二十六万军队把诸葛诞军队围困在寿春。在城中粮食渐少、外援不至、部将叛逃等情况下，诸葛诞部队死伤惨烈，诸葛诞本人也在突围时阵亡，后被夷三族。其麾下数百人，被斩之际，却高呼"为诸葛公死，不恨"之语，其壮烈可叹！可见，诸葛诞深得人心，故时人誉之为田横。

自诸葛诞兵败后，再也没有持有重要军队的亲曹力量，这更使司马昭肆无忌惮地进一步篡夺曹魏皇权。而面对司马昭的步步紧逼，魏主曹髦虽心存不甘，但又惧怕司马昭的权势而无可奈何。恰逢甘露四年（259）正月，宁陵井中出现了一条黄龙。据《晋书·五行志》记载，曹髦继位以来，正元元年（254）十月、甘露元年正月和六月、甘露二年二月、甘露三年都有过龙蛇现井中的现象。时人有这样的说法："凡瑞兴非时，则为妖孽，况困于井，非嘉祥矣。"显然，这次龙蛇的出现，曹髦以为是不祥之兆，因此作《潜龙诗》一首自讽："伤哉龙受困，不能跃深渊。上不飞天汉，下不见于田。蟠居于井底，鳅鳝舞其前。藏牙伏爪甲，嗟我亦同然！"龙本是古代君王的象征，却上不在天，下不在田，出现于井中，受井中的泥鳅黄鳝的欺辱。曹髦认为这是幽囚之兆，与自己处处受司马昭挟制的情况一样。甘露五年（260）四月，曹髦又被迫委任司马昭为相国，封为晋公。五月，年轻气盛的曹髦实在忍受不了司马昭的欺凌，决定率领随从兵士，进攻司马昭的府邸，期望以出其不意而获胜。先是，曹髦召集心腹大臣侍中王沈、尚书王经、散骑常侍王业，把想法告知他们："司马昭之心，路人皆知。我不能坐等受其废辱，打算和你们一起讨伐他。"王经劝说："历史上的鲁召公不能忍受季氏，结果败走他国。现在大权在司马昭手里，朝廷官员多为其效命。何况您的贴身护卫太少，一旦进攻司马昭府，祸患难料。"曹髦意气之下，听不进王经劝诫，毅然采取行动。王沈、王业二人见大事不妙，逆转舵头，奔去向司马昭告密。司马昭作好了充分准备，先派司马伷在东门阻截。曹髦毕竟是皇帝，在其呵斥之下，司马伷的部队被击退。当曹髦部队行至南阙，又受到司马昭的亲信贾充部队的拦截。曹髦亲自用剑督战，贾充部队慑于曹髦的皇帝身份，纷纷后退。这时，贾充对太子舍人成济说："相国蓄养你们，正是为了在现在这种危险时刻能有所用。"在贾充指使下，成济用长矛刺穿曹髦的胸膛，刃出于背。曹髦时年二十岁。随着这位满怀中兴之志的皇帝的惨死，曹魏再也没有一线可以寄托的希望。不过，这位年轻皇帝的勇敢之举仍得到后人的赞赏，北魏孝庄帝诛杀权臣尔朱荣时，曾对心腹说："死犹须为，况不必死！吾宁为高贵乡公死，不为常道乡公（曹奂）生！"而曹髦临终所说的"司马昭之心，路人皆知"这句话，不仅让沉默已久的曹魏皇室痛快地发泄了积怨与愤懑，也为后人留下了著名的典故和警戒。

虽然曹髦长期作为"虚设"，但毕竟是皇帝。司马昭对弑君之罪还是有所顾忌，又加上禅代篡权的时机还不成熟，朝廷中还有一些曹魏老臣，于是，便把成济作为替罪羊，宣称成济"凶戾悖逆，干国乱纪，罪不容诛"，并连同成济家属，都付以廷尉，加以治罪。随后，司马昭又立燕王曹宇的儿子常道乡公曹奂为新皇帝，作为傀儡摆设。

历史上的野心家政治权位越高，越会担心自己权势被颠覆，故而对别人的防范也越加强，处处存有疑心。权势熏心的司马昭也不例外，在平定诸葛诞兵变之后，司马昭对朝中的大臣、在野的名士的不信任感也与日俱增。汉末大经学家郑玄的孙子郑小同，也是当时著名的经学家，以其学识和行为闻名于世，曾经为高贵乡公曹髦讲《尚书》。据《魏氏春秋》载，甘露三年（258），有一次郑小同去拜见司马昭，恰逢司马昭上厕所去了，有一份机密文件没有收藏起来。司马昭回来以后，诈问郑小同："你看到我的机密文件了吗？"郑小同回答："没有。"司马昭疑心更大，用鸩酒将郑小同毒死。再如阮籍，作为司马昭笼络名士的招牌，阮籍远离朝廷，终日以酒为伴，忧心忡忡，约在这时期曾写下这样的诗句："一日复一日，一昏复一昏，容色改平常，精神自漂沦。临觞多哀楚，思我故时人。对酒不能言，凄怆怀酸辛。愿耕东皋阳，谁与守其真？愁苦在一时，高行伤微身。曲直何所为，龙蛇为我邻。"在统治者的权力角逐中，又有多少士人为其丧命？面对残酷的现实，阮籍感叹自己像龙蛇般蛰伏，过着"一日复一日，一昏复一昏"的机械生活，在饮酒哀伤之时，又禁不住怀念过去的朋友，写下"高行伤微身"的诗句，这似乎是对自己也是对朋友行为的反思和警戒。这朋友中应当有嵇康。

嵇康隐逸在外，但也只是一时避开了司马氏的耳目，躲避征辟事件。时至甘露四年，当征辟事件日渐被人忘却的时候，嵇康又回到洛阳太学。嵇康和很多士人一样，当心灵充满苦闷而难以发泄时，常常转换视野去做一些相对枯燥，但可以集中自己注意力的事情。约在这一时期，嵇康对《春秋左传》作了研究，撰写了《春秋左氏传音》三卷。这本书现在已经佚失，清朝学者马国翰《玉函山房辑佚书》据唐代陆德明《经典释文》中的引文，辑出了六条。从中可以得知，《春秋左氏传音》包括经和传两部分，中间为注文和标音。尤其值得注意的是，嵇康用了反切的注音方法，诸如："彗，似岁反。"这种注音方式，可以算得上是中国音韵学上的先驱之举。此外，太学里讲习的主要是儒家的经典，抄写石经上的儒家经文也成了嵇康一时的情致所在。由于儒家经籍在流传中文字错讹很多，加上俗儒的穿凿改动，促使政府置立石经作为标准。东汉熹平四年（175）以来，在洛阳太学置立了《易》《书》《诗》《仪礼》《春秋》《公羊》《论语》等七种经书石碑，所用经文皆为今文经，字体一律用隶书刻写。但是，到了汉末，经董卓之乱，洛阳宫阙宗庙尽遭焚毁，石经零落不全。正始二年，曹魏政府为重整文教，重新立石经，采用古文、小篆、隶书三种书体书写《尚书》《春秋》《左传》于刻石，即所谓的"三体石经"。因为当时立于学官的为古文经学，而汉石经为今文，所以补刊《尚书》《春秋》这两种经书的古文经及传。其中"古文"难以识别，需要通晓古今文字的专家来识别。抄录时，又需要借助篆、隶两种文字作释文。而嵇康擅长书法，对文字有浓厚的兴趣，所以抄录石经也是其兴趣使然。

虽然这时嵇康专注于著述和抄写石经，很少参与其他的学术活动，但是因其学识和风度出众，还是吸引了许多青年学者，其中与之交往最密切的是赵至。赵至，字景真，代郡（今河北蔚县）人。其祖上较为显贵，遭汉末大乱，流宕到缑氏，参加了曹操的军队。后来曹丕定都洛阳，赵氏举家随迁至洛阳。少时，赵至家贫。十二岁时，有一次，赵至听到父亲耕田时呵斥牛的声音，便放下书来，暗自流泪。塾师问其缘由。赵至说："我从小没有能让父母好好生活，免于勤苦，很是悲伤。"甘露四年，十四岁的赵至来到洛阳，游学于太学，见到嵇康在抄写石经，被嵇康风度所吸引，久久徘徊不愿离去，二人由此结交。甚至后来赵至追寻嵇康到山阳。嵇康对赵至欣赏有加，曾说："赵至的眼珠黑白分明，此人有白起的风度。"可见，嵇康与赵至的友谊深厚，似具有师生情谊。

景元元年（260），嵇康因母亲去世，返回山阳家中，悲痛之中写下了著名的《思亲诗》。

奈何愁兮愁无聊，恒恻恻兮心若抽。

愁奈何兮悲思多，情郁结兮不可化。

奄失恃兮孤茕茕，内自悼兮啼失声。

思报德兮邈已绝，感鞠育兮情剥裂。

嗟母兄兮永潜藏，想形容兮内摧伤。

感阳春兮思慈亲，欲一见兮路无因。

望南山兮发哀叹，感机杖兮涕汍澜。

念畴昔兮母兄在，心逸豫兮寿四海。

忽已逝兮不可追，心穷约兮但有悲。

上空堂兮廓无依，睹遗物兮心崩摧。

中夜悲兮当告谁，独拔泪兮抱哀戚。

日远迈兮思予心，恋所生兮泪流襟。

慈母没兮谁与骄，顾自怜兮心切切。

诉苍天兮天不闻，泪如雨兮叹成云。

欲弃忧兮寻复来，痛殷殷兮不可裁。

　　嵇康沉溺在慈母新丧的悲痛之中，全诗弥漫着忧伤的氛围，边泣边诉：他自幼丧父，在慈母和长兄的抚养下成人，继长兄的去世，慈母也离开了人世，留下自己茕茕孑立。嵇康感伤在这鲜花烂漫的春天里，连再见母亲一面都不可能。抬头远望南山，伤感不已。又忍不住端详平素母亲所用的几杖，站在母亲平时常在的厅堂，睹物思人，泪流满面。而现在时局艰险，嵇康自己又处于困厄之中，没有了慈母更无处诉说自己的苦衷。一时间，长期淤积在嵇康心中的苦闷、愤懑之情一同爆发，全部融汇在对母亲的哀思之中。

景元二年（261），当嵇康还沉溺在丧母的哀痛中的时候，又从好友公孙崇、吕安那里听到山涛想推荐他代替自己出任尚书郎。山涛推荐嵇康的原因已不得而知，可能是因为嵇康奔丧回家，被司马氏的暗哨所察明，而司马昭一直试图像笼络阮籍一样使嵇康曲从自己。作为嵇康的朋友，谙悉时势的山涛可能察觉此事，便想趁机举荐嵇康出仕保身。山涛出面延请嵇康，既达到照顾好友的目的，也满足了司马昭的心愿。然而，嵇康拒绝了山涛的这个举荐。

关于上述事件，有的学者认为嵇康在这时候写了著名的《与山巨源绝交书》，与山涛绝交。我们认为这种说法值得商榷。《绝交书》的写作时间和山涛的官职的升迁虽然有密切的关系，但是更需要深入考查嵇康在山涛迁官何职时写的这篇文章。《三国志·王粲传》裴松之注说："山涛为选官，欲举康自代，康书告绝，事之明审者也。案《涛行状》，涛始以景元二年除吏部郎耳。"《晋书·嵇康传》说："山涛将去选官，举康自代，康乃与涛书告绝。"《世说新语·栖逸》也说："山涛将去选曹，欲举嵇康，康与书告绝。"上述引文中涉及两处理解，裴松之征引的《山涛行状》说，景元二年，山涛才开始升迁为吏部郎。"除"在古代为"拜官，授职"的意思，而一些学者误以为是离职，从而认为山涛由吏部选曹郎，高升为司马昭大将军从事中郎一职，故选曹郎出现了空缺，于是在景元二年，山涛离职时推荐嵇康。《晋书·嵇康传》和《世说新语·栖逸》所说"山涛将去选曹"的"去"意思是"离开""免除""辞去"官职的意思，一些学者误以为是"到……就任"的意思。这样一来，可以看出，山涛举荐嵇康应该有两次，一次是刚升迁为吏部选曹郎时，举荐嵇康。另一次是将离开吏部选曹郎，迁任大将军从事中郎时。嵇康在《绝交书》中开篇说："前年从河东还，显宗（公孙崇）、阿都（吕安）说足下（山涛）议以吾自代；事虽不行，知足下故不知之。"又说："间闻足下迁，惕然不喜；恐足下羞庖人之独割，引尸祝以自助，手荐鸾刀，漫之膻腥。故具为足下陈其可否。""前年从河东还"是指景元二年山涛第一次举荐之事。"间闻足下迁"则是指两年后山涛由吏部郎迁任大将军从事中郎，这时候山涛第二次举荐嵇康，嵇康作书拒绝。再从《晋书·文帝纪》记载看，从山涛始任尚书吏部郎的景元二年至迁任大将军从事中郎的咸熙元年（264）期间，仅有景元四年大将军府增置从事中郎。按常例从事中郎在大将军府中或主吏，或分掌诸曹，或掌机密，或参谋议，地位较高，这样的官职选用很难在《文帝记》中忽略不提。因此可推知山涛于景元四年迁大将军从事中郎，并在此际再次推荐嵇康做吏部选曹郎。由这次山涛迁职时间逆推两年，也符合《绝交书》中"前年"（261）的说法。有学者从《晋书·嵇绍传》载嵇绍"十岁而孤"，《绝交书》中嵇康说嵇绍年八岁，认为《绝交书》写于景元二年，两年后嵇康被害，这和文本内容相矛盾。唐修《晋书》可能受过去史载不详的影响，或是受"文辞鄙拙，芜外不伦"的王隐《晋书》等误载影响，沿袭误载为"十岁"。

吏部选曹郎，虽然官阶仅六品，但是负责县级以上官员的选拔，属于较为重要的官职，也颇受人羡慕。嵇康却拒绝这次推荐，具体原因已难以知晓；但是，从嵇康赠朋友阮侃的诗中，可以推知一些。诗中说"含哀还旧庐，感切伤心肝""泽雉穷野草，灵龟乐泥蟠。荣名秽人身，高位多灾患。未若捐外累，肆志养浩然"。嵇康在诗中诉说自己满怀伤痛回到家乡，宁愿像雉鸡一样在田野中优容嬉戏，像灵龟一样在泥潭里愉快盘踞，也不愿意追求高官厚禄，招惹祸患。由此看来，无论时局多么艰险，嵇康依然矢志不移持守高尚节操，远离政治污秽。因此，拒绝山涛也在情理之中。

不堪流俗 "绝交" 山涛

　　景元二年，司马昭及其党羽在魏晋禅代的路上，又表演了一场加"九锡"礼的事件。九锡礼指古代天子赐给大臣的九种器物，这是对大臣的最高礼遇。在甘露三年、甘露五年，司马氏的党羽都曾大规模地劝进司马昭加九锡礼，司马昭往往以时机不成熟，皇帝曹髦也不顺从等原因辞让。到景元二年，新立皇帝常道乡公曹奂软弱无能，完全形同虚设，曹魏势力已经无力作出丝毫的反抗，改朝换代指日可待。在这种情况下，司马氏的党羽们认为时机已经成熟，迫使曹奂册封司马昭，司马昭也应该接受册封。对于这次册封，一方面，司马昭表面上仍坚决推辞，表现出谦让忠诚；另一方面，司马氏的心腹司空郑冲又去找阮籍写劝进表，造成一种众望所归的态势。实际上，郑冲请阮籍代写劝进表，不仅是看重阮籍的文才，更包含着对阮籍政治态度的考察，逼使阮籍在政治上作出表态。阮籍没有办法，又连续大醉几天，直到郑冲派人来取时，还在伏案沉醉。但是，阮籍深知这件事情比拒绝司马昭的提亲更为严重，无可奈何之下，乘酒意提笔一挥，写成《为郑冲劝晋王笺》。文章中虽然不乏歌功颂德的虚伪之辞，描述司马昭"东征西伐"的业绩；但是又强调司马昭像历代的伊尹、周公等一样辅佐君王，功比齐桓公、晋文公等，杂寓着对司马昭图谋篡位的讽刺。然而，写这一劝进表，毕竟使阮籍表明自己站在司马氏的一边，这对阮籍来说应当是一生最耻辱的污点，不时折磨其心灵。

司马昭的野心越是膨胀，对名士的拉拢和镇压越是迫切。嵇康虽然没有像阮籍那样深受胁迫的痛苦，但也无法摆脱司马昭的拉拢与监视。景元四年，山涛再一次推荐嵇康出仕，这次推荐的原因大致也与政治有关，引起嵇康异常的愤懑，并写下《与山巨源绝交书》。关于文章的题名，历来有不同的说法：一说，原文没有题目，"绝交"是后人加上去的。二说，南朝梁昭明太子编的《文选》就有这个题目，不会有误。三说，嵇康与山涛交契至深，文章特以寄意，不是真的告绝。因此，为了澄清诸说、了解此事及嵇康的思想，有必要先把文章大意叙述一下。

首先嵇康回忆说：您（山涛）过去曾在颍川太守山嵚面前称道我，我常常说那是知我之言。然而，我又常常感到此事奇怪，觉得我还没有被您熟悉，您是从何处了解我的呢？前年我从河东回来，显宗（公孙崇）、阿都（吕安）二人告诉我，您提议过让我代替您的官职，这事虽然没有办成，我却因此知道您还是不了解我。您学问博通，做事情多随和，而且极少对别人疑怪；而我却性格直爽，心胸狭窄，对很多事情不能容忍，且我与您仅是逢遇而相识相交。近日听说您又升官了，我很恐慌，担心您要推荐我去做官，像厨师不愿让人说只有他自己在割肉，于是硬要把尸祝也拉去帮助自己一样，使其手执鸾刀，也沾上一身膻腥气，所以想在这里详细地给您陈述一下此事可与不可的理由。

接着嵇康说：我过去读书，看到有兼济天下而又耿介孤直的人，时常认为世上不可能有这样的人，如今方信真有这样的人。一个人的性格常对某些事情不能容忍，真的不能勉强他去接受。现在说世上有于世无所不堪的通达之人，他们表面上跟一般俗人没有两样，而内心却能保持自己，随波逐流而又一生没有遗憾，但这只是一种空话而已。老子、庄子，我把他们当作我的精神导师，他们身居低贱的官职。柳下惠、东方朔也都是通达的人，他们都能安于自己卑微的职位，我哪敢对他们妄加批评呢？还有孔子主张兼爱天下，同时又不以执鞭赶车为贱；楚国的子文也本是不追求高位的卿相的，却做了三次令尹。这是因为他们有着济世的意向，也就是我们所说的达则兼济天下而又不改变自己原来的志向，遭受困厄也能怡然自得而心里没有什么苦闷。据此看来，尧、舜称帝于世，许由隐居山林，张良辅佐刘邦，接舆高歌行吟，他们的行迹虽然不同，但是道理全是一样的，是顺乎自己的本性，都实现了自己的志向。所以说君子百行，但结果是一样的，依循自己的本性行动，各得其所。所以有的人身处朝廷而不离去，有的人遁迹山林而不返归。又像公子季札崇尚子臧的风范，司马相如仰慕蔺相如的气节，都是他们各自的志向所使然，外人是无法强迫他们改变的。

嵇康又说：每当我阅读尚子平、台孝威的传记，都会对他们产生仰慕之情，想象他们的为人。我自幼丧父，因此深受母亲和长兄的娇纵，不曾深涉儒家经学。天性又粗疏懒散，筋骨拙笨，肌肉松弛，头和脸也时常一月、半月不洗一次，不到十分闷痒的时候，不愿去洗头。早上忍着小便懒得起床，直到忍不住时才起身。平时又放纵自己，孤傲散漫，言行往往和社会上的礼法相违背，性情和散漫互相作用，但却被朋辈们所宽容，不指责我的过错。我又读《庄子》《老子》，这更加重了我的放纵，所以使我的仕进求荣之心日益衰退，放任本性的欲望反而日益深厚。这就像一只鹿，如果从小被人驯养，它就会服从管教；如果是长大后才被人捕获，则会不顾一切地慌张挣断绳索，四处逃奔，即使用黄金装饰马衔，用精美饭菜来喂养，它还是越发想念森林和茂盛的野草。

进而，嵇康以阮籍与自己比较：阮籍口里从来不议论别人的过失，我也时常效仿他，但做不到。阮籍的天性超脱一般人，与外物互不伤害，只是喝酒过量而已。但即便是这

138

样，阮籍也受到礼教之士的纠缠与弹压，恨之如仇敌，幸赖司马昭的保护才免于灾祸。我不具备阮籍的贤德，却又有傲慢疏懒的缺点，不通人情，不会审时度势、随机应变，不会谨言慎行，说话不留余地。以这样的性情长期从事政务，矛盾自然每天都会发生。虽然想避免灾祸，又哪能做到呢？何况，人与人的交际有礼节规定，朝廷也有一定的法度约束。我经过深思熟虑后，感觉绝对不能忍受的事有七件，非常不可以的事情有两件。我喜欢睡懒觉，而很早就被守门官吏唤醒，这是第一件不能忍受的事情；我喜欢怀琴边走边唱，在乡间猎鸟钓鱼，而吏卒每天守候在自己身边，使自己不能随便行动，这是第二件不能忍受的事；办公时间要端正地跪坐，脚腿麻痹也不许动一动。而我身上又有很多虱子，总要抓搔不停。又要裹上官服，向上官作揖跪拜，这是第三件不能忍受的事；平时不擅长写信，又不喜欢写信，而人际交往及公务繁多，如果不写信应酬，就会触犯道义。想勉强一下自己，又不能持久下去，这是第四件不能忍受的事；我不喜欢吊丧之类的事，而人事却以此为重，再者我已经被不宽恕我的人所怨恨，以至有人想中伤我。虽然因此惊恐，且受到指责，但是因本性难移，压抑自己顺从世俗，则违背了我的本性，最终仍会受到谴责，这成了第五件不能忍受的事；我本不喜欢俗人，但还得同他们共事，有时还要宾客满座，嘈杂声都要把耳朵吵聋，嚣声和尘土混合污浊不堪，各种交际伎俩令人作呕，这是第六件不能忍受的事；我性情急躁怕烦，而官事又很烦乱纠缠心神，世故人情扰乱心思，这是第七件不能忍受的事。我又常常非难商汤与周武王，轻视周公和孔子，不合乎世俗礼法，这将为当局礼教所不容，这是第一件非常不可以的事情；我刚肠嫉恶，肆言不讳，一遇事就会发作，这是第二件非常不可以的事情。以我这种偏狭的性格，处理这九种祸患，即使没有外来的灾难，也会造成体内的疾病，哪里还能久活在人世呢？我又曾信服道士之说，服用白术和黄精就能使人长寿，我心里很相信实有其事。而且，我又喜欢游玩山川，观赏鱼鸟。可是，一旦为官，这些事便没有了，我又怎能舍弃自己喜欢的事情而从事自己畏惧的事情呢？

继后，嵇康论述他对交友之道的认识。他说：人与人互相理解，重要的是了解彼此的天性，从而成全彼此的天性。夏禹不逼迫伯成子高当诸侯，以成全他躲避世俗的气节；孔子不向子夏借雨伞，是为掩盖子夏吝啬的短处。诸葛亮不强迫徐庶西入蜀国，华歆不勉强管宁出仕，这些人可以说对朋友的行为有自始至终的理解，真正做到了相互知心。您看到挺直的木头一定不会用它做车轮，看到弯曲的木头也一定不会用它做屋椽，这大概是不想改变它们的天性，使其各得其所的缘故吧。所以士农工商各有其职业，都以能达到自己的志向为快乐，这个道理只有通达的人才能了解，而您是一定能想得到的。不能自己见到一顶漂亮的帽子，就强迫断发文身的越人戴上；自己喜欢吃烂肉，就用死老鼠来喂养鹓雏吧！我倾心于养生之术，已决定摒除荣华富贵、美食佳肴，心存清净淡泊，追求寂寞无为。即使没有上述的九种不堪，我也不会理睬您所喜欢的东西。何况我还有心闷病，近来逐渐加重，私下自问，确实忍受不了自己所不喜欢从事的事。我对自己的前途选择很明确，如果真的被逼得走投无路，也只是我自己的事，您没有必要逼迫我，使我陷入绝境而死无葬身之地。

继之，嵇康又回到自己所处的境地和心志。他说：我母亲和长兄刚刚去世不久，心中常感到非常凄痛。女儿十三岁，儿子才八岁，还都未成人，况且我又体弱多病。每想到这些心中悲伤万分，一言难尽！现在只想守居陋巷，教养子孙，时而与亲朋故友谈叙阔别之情，聊聊自己的旧事，喝上一杯浊酒，弹上一曲清琴，我的志愿就满足了。您对我纠缠不放，也不过是要替官府网罗人才，以补现时所用罢了。而您早知道我放任散漫，不懂世故，我自己也觉得赶不上当今的许多贤能之士。俗人们都喜欢荣华富贵，而独我能离开它，以远离荣华为快乐，这最接近我的性情。那种才高虑远，无所不通，而又能不钻营仕进的人，才是选拔的对象。而像我这样困厄多病，还想远离世事自我保全、安度余年的人，哪里能看见宦官就称赞他有贞节呢？如果您急于让我同您一起进入仕途，加以逼迫的话，必然会引发我的疯病。如果不是对我有深仇，我想您是不会止于此吧。

最后，嵇康借用比喻说：有位农夫喜欢用太阳晒背取暖，并且爱吃芹菜，于是他就想把这两件事献给皇帝。虽然这种行为也包含真诚的情意，但是行为本身却十分迂阔。但愿您不要像这种人。我的心意就是这样的，写这封信一方面向您解释，并且以此向您作别。

通读这篇文章，可以看出《绝交书》的写作确实是由山涛举荐所引起。史书也一再记载这样类似的说法：《三国志·魏书·王粲传》注引《魏氏春秋》说"康答书拒绝"，《世说新语·栖逸》说"康与书告绝"，《嵇康别传》说"康辞之，并与山绝"。山涛举荐嵇康出仕，遭嵇康拒绝，是确有其事。但是，细品上述书信，"绝"是"拒绝"出仕？抑为"绝交"？值得考察。

先从《绝交书》内容看，开篇嵇康说："足下傍通，多而少怪；吾直性狭中，多所不堪，偶与足下相知耳。"细品味这两句，前一句无疑是说山涛傍通众艺，学问博通，性情宽容，做事情多随和而极少对别人疑怪；后一句是说自己的性情与世俗不同。"偶与足下相知耳"中有一个"偶"字，往往被人误解为"偶然"的意思。如果是"偶然"的意思，这句话翻译成现代汉语就成了：我（嵇康）偶然与您（山涛）认识。这就包含二人不过是萍水相逢而已，也没有什么契若金兰的友情，这与史实不符。"偶"字在《尔雅》中释为"遇"义，郭璞解释为"值"义。这种解释较为恰当，即叙述嵇康与山涛逢遇而相识了，符合上下文。两个人性情虽然不同，但是嵇康对山涛的评议持褒扬之意。文中嵇康说："吾昔读书，得并介之人，或谓无之，今乃信其真有耳。"嵇康的意思很明朗，兼天下而能自得无闷的人，自古少有，而山涛归属其一。嵇康是褒扬山涛而不是贬斥。文中嵇康还列举老子、庄周、柳下惠、东方朔、孔子、子文等人与山涛并称，都是"所谓达能兼善而不渝，穷则自得而无闷"之人。山涛的形象在嵇康心目中并非某些学者所认为的"若摇尾功狗"，为讨好司马昭出卖朋友。嵇康又认为："君子百行，殊途而同致，循性而动，各附所安。故有处朝廷而不出，入山林而不反之论。"显然，嵇康也认为山涛出仕也是君子之道，勿用非议。这既是暗契二人的金兰之交，说明嵇康也认可了山涛与自己不同的政治选择。

下文中，嵇康又罗列自己读书之思、生活举止的九种不可忍受的事情，本来是叙述自己的志向，其目的无非是向山涛表明心迹——"直木不可以为轮，曲者不可以为桷，盖不欲以枉其天才，令得其所"而已。嵇康又举夏禹、孔子、诸葛亮等人事例，也无非是说明己意已决，委婉地请山涛加以理解与成全。至于文中涉及强迫越人戴帽子，用死老鼠喂鸳雏的话，嵇康的意思并不是在讽刺山涛，而是在渲染违逆"循性而动"的错误之举，说明"夫人之相知，贵识其天性，因而济之"，朋友相交的正确途径是注重互相成全对方性情。

其次，从历史情况看，嵇康本来就与曹魏集团有瓜葛：其父嵇昭曾任曹魏督军粮治书侍御史；嵇康本人又与曹魏联姻，也任过中散大夫。而且嵇康的"名士"身份更难以避开司马氏集团的耳目。嵇康的政治姿态确乎关系到他的安危。与之同时，弑君篡国的司马昭在政治上推行"以孝治国"的方针，表面上是扶植"名教"，实为践踏"名教"，名教成为其政治上的遮羞布，这种政策为嵇康所厌恶，所以在文章中嵇康认为虚伪的人伦法度、汤武周孔都是自己身上的羁绊。司马昭及其党羽当然要视嵇康为眼中钉。故而，鲁迅说："司马懿（笔者注：应为司马昭）因这篇文章，便就得将嵇康杀了。非薄了汤武周孔……在当时关系非小。汤武是以武定天下的；周公是辅成王的；孔子是祖述尧舜，而尧舜是禅让天下的。嵇康都说不好……在这一点上，嵇康于司马氏的办事有了直接的影响，因此就非死不可了。"鲁迅所论

144

中肯。可见,《绝交书》主要是政治的产物,是嵇康对司马氏永不屈从的宣言!

的确,嵇康出仕为官是其最好的自我保护法,像阮籍、王戎般全身隐逸于官场。史载山涛与嵇康"契若金兰",互为知己。而山涛与司马氏有姑表亲关系,这时由吏部郎迁升为大将军从事中郎,此后又屡迁相国左长史、车都尉、太子少傅、散骑常侍等官职,官运亨通,显赫一时。司马昭对其信任有加,甚至在景元四年钟会叛乱时,司马昭亲自去平叛,将后方大事托付与他。可见,司马昭对山涛是深信不疑,视之为心腹。山涛本人又通达时势与人情,毋丘俭起兵时,山涛知其必败,并劝阻嵇康不要参加。这次山涛又在时局日益不利于嵇康的情况下,以个人的远见卓识来举荐朋友全身自保。山涛推荐的好意,嵇康绝非不能认识到,而恰是孤傲疾世的性格与越名任心的思想所致,嵇康无法接受山涛的推荐,而作书谢绝。但二人互为知己,临事可托,断不会轻言绝交。嵇康在临刑前曾对儿子嵇绍说"巨源在,汝不孤矣",临终托孤于山涛。这在以后也得到应验:山涛举荐嵇绍为秘书丞,并不因嵇康与曹魏有瓜葛而置身于事外。二人友情至深,并不因双方的选择不同及时势的变化而有很大的变化。

因此,嵇康与山涛并非"绝交","绝交"可能是后人为这篇文章所加的题目，嵇康写这封信的目的也是"寄意"之举，表明自己坚决反对司马氏卑鄙虚伪的政治丑行，并非针对山涛。同时，《绝交书》也反映出嵇康期望能安身自保，"愿守陋巷，教养子孙，时与亲旧叙阔，陈说平生，浊酒一杯，弹琴一曲"的理想和追求。

为友罹难　狱中幽愤

鲁迅说因为嵇康《绝交书》中的言论，司马氏便就得将嵇康杀了。实际上，处置一个誉满天下的大名士，司马氏及其党羽不会公然冒天下之大不韪，也不会仅以这封书信为证据处置嵇康；而是要等待时机，寻找冠冕堂皇的借口。事实上，约在景元三年（262），嵇康在写《绝交书》之前，就参与了一桩冤案——"吕安不孝案"，这恰为司马氏杀害嵇康提供了罗织罪名的机会。

吕安是嵇康的挚友，与嵇康最为莫逆于心、取舍最为相近。每当思念嵇康时，吕安即使在千里之外也要前来造访。吕安曾经常与嵇康在山阳灌园、锻铁，有时兴致来了，二人一起漫游原野，不计远近。嵇康回到山阳老家不久，吕安家发生了一件大事。吕安的妻子徐氏天生有些姿色，清丽脱俗，尤其是嫣然䨲笑时，明艳动人。吕安的哥哥吕巽人面兽心，着迷于弟媳的容貌，怀有心术鬼胎。趁吕安离家的时机，设法将徐氏灌醉，加以奸污。等吕安回来，听说此事，十分震怒，想控告吕巽，并休掉妻子。吕安将自己的打算告诉嵇康，并征求他的意见。嵇康认为家丑不可外扬，一旦告兄休妻，便会家庭破碎，吕氏兄弟都难以立足于社会。并且，嵇康决定由他来调停此事。吕巽对嵇康许诺只要不见官，永不再发生此事，永不加害吕安，并以与吕安为同父兄弟的关系立誓。嵇康便安慰劝解吕安不要再追究此事。然而，吕巽做贼心虚，总担心被吕安告到官府，自己颜面扫地。为了彻底根除后患，便不守承诺，恶人先告状，状告吕安不孝，虐待母亲，并要求将其治罪徙边。而司马昭正大力宣扬"以孝治天下"，不孝之人往往要受到重判，遭到徙边流放。阮籍丧母饮酒食，何曾就曾经状告阮籍说："公（**司马昭**）方以孝治天下，而阮籍以重丧，显于公坐饮酒食肉，宜流之海外，以正风教。"吕巽以"不孝"状告吕安正投合了司马氏的政策，司马氏及其党羽当然欢迎这类彰显自己功绩的案子。何况这时吕巽是司马昭的掾属，深受司马昭的宠信，而吕安本来就是不顺服的名士。显然，吕巽的诬告是有力的，而且必然得到司马氏或吕巽僚属的暗中支持。于是，吕安以"不孝"罪被捕，流放到边境。

吕巽的包藏祸心、吕安的蒙冤流放，让嵇康极其愤怒，再也抑制不住刚直的性情，奋笔写下了《与吕长悌绝交书》，痛斥吕巽背信弃义、出尔反尔、阴险狠毒的无耻行径，并将其公之于世。

在信中，嵇康说：过去我与你（吕巽）因年龄相近，见了数次面，感到亲近而结为好友，甚至称你为至交。即使你出仕当官和我选择不同，我们的友情并没有因此衰减。在交往中，我知晓阿都（吕安）心智开通，时常为你有这样的弟弟高兴。然而，去年阿都对我说，他非常憎恨你，想告发你，而我极力劝阻了这事。我自恃与你有交情，你也答应不加害吕安。我也劝你和阿都听从了我的话，你们兄弟应该相顺相亲。之所以这样做，全为了你的家庭荣誉，你们兄弟和睦。你也许诺我最终不与阿都见官，并以你二人是同父的关系作为誓言。我还深深感慨你言辞郑重，劝解阿都消除怨愤，不再告发你。你却暗地里起疑心，秘密揭发诬陷阿都，恶人先告状！这都是因为阿都此前相信了我，没有告发你，哪里会想到你包藏祸心？阿都之所以容忍你，是因为我的劝说。如今阿都被判罪徙边，是我对不起他。我之所以对不起他，是由于相信了你的誓言！你对不起我。为此，我十分惆怅，也没有什么好说的了。像这样的朋友，我也没有什么心思和你继续交往了。古时候的君子绝交时，不说对方的坏话，我郑重与你绝交！即将绝交我也是愤恨不已。

嵇康的这封绝交信义正词严，疾恶如仇，揭示吕安案的冤屈，痛斥了吕巽的罪恶。嵇康在信中申诉自己轻信了奸诈的吕巽而造成吕安的被动，乃至使其受到流放的刑罚。作为挚友与事件的参与者，嵇康又必然仗义去为吕安申述冤情。而这时候，愤懑满腹的吕安在流放途中也给嵇康写了一封告别的信。在司马氏密探间谍遍布全国各地的时代，这封信很快落到司马昭手里。吕安在信中除了叙述友情外，却又说了这样的话："顾影中原，愤气云踊。哀物悼世，激情风厉。龙啸大野，虎睒六合。猛志纷纭，雄心四据。思蹑云梯，横奋八极。披艰扫难，荡海夷岳。蹴昆仑使西倒，蹋太山令东覆。平涤九区，恢维宇宙。斯吾之鄙愿也。岂能与吾同大丈夫之忧乐哉！"吕安把自己和嵇康的志向作了极端形象化的描绘，同时也暗含对政治和自己冤案的极度不满。虽然是书生义愤，发腹中牢骚，但是对于执政的司马昭来说，根本不会深入考察文章所指，反而认为这是二人谋反的战斗檄文，非常恼怒。又逢嵇康前来申冤，为吕安冤案作证，司马昭趁机把嵇康收进监狱，同时把吕安召回一同治罪。

　　仅凭吕安的一封信也很难除掉嵇康这样的大名士，司马氏集团不得不密谋如何给嵇康定罪。对嵇康当年的藐视一直耿耿于怀的钟会参与了这次密谋。钟会时任司隶校尉兼镇西大将军。司隶校尉不仅监察京师百官，其管辖范围包括今天的河北南部、河南北部、山西南部和陕西渭河平原等，权力极大。何况钟会又是司马昭的心腹，曾经告诫司马昭："嵇康，卧龙也，不可起。"嵇康是诸葛亮式的人物，不能起用，应该早日除掉，以绝后患。在这次密谋中，钟会起了关键性的作用，为杀害嵇康罗织罪状。钟会说：现在政治开明，国家大治，偏僻的边境没有诡随的刁民，街口巷尾也没有不满的议论。而嵇康上不臣服天子，下也不事王侯，轻时傲世，不愿为时所用，且又伤风败俗。过去姜太公诛杀不愿做官的华士，孔子诛杀行为怪癖、言论狂谬的少正卯，都是因为他们以负才惑众。现在诛杀嵇康正是清洁王道。在这里，钟会罗列出的"不为所用""轻时傲世""负才惑众"的理由无疑深得司马昭的欢心。而且，钟会所列的至少前两项都是事实，嵇康的确是多次拒绝出仕，很可能直到这时候，司马昭还对嵇康抱着拉拢利用的幻想，请山涛再次出面劝说嵇康，嵇康因此而作了《与山巨源绝交书》。嵇康也轻时傲世，所作文章中多有抨击政治的言论；至于负才惑众，可能是指嵇康声名的感召力。还有一说，钟会以嵇康欲助毌丘俭谋反之事，进谗司马昭，因而杀之。虽然毌丘俭兵败在正元二年，可能在那时候司马昭还没有充分的证据，无法定嵇康的罪，而这次掌握了嵇康的把柄。总之，司马昭诛杀嵇康既找到了现实的依据，又有历史上的先例，可以冠冕堂皇地进行了。

监狱的审讯可能使嵇康预知自己来日不多，面对这样一个充满邪恶的政治局面，而自己又无力改变，嵇康一改过去凌厉针砭的言辞，冷静地以四言诗的形式，展示和反思自己平素的生活和思想，写下一首《幽愤诗》，言说心志。诗中说：

嗟余薄祜，少遭不造。哀茕靡识，越在襁褓。母兄鞠育，有慈无威。恃爱肆姐，不训不师。爰及冠带，凭宠自放。抗心希古，任其所尚。托好老庄，贱物贵身。志在守朴，养素全真。曰余不敏，好善暗人。子玉之败，屡增惟尘。大人含弘，藏垢怀耻。民之多僻，政不由己。惟此褊心，显明臧否。感悟思愆，怛若创痏。欲寡其过，谤议沸腾。性不伤物，频致怨憎。昔惭柳惠，今愧孙登。内负宿心，外恧良朋。仰慕严郑，乐道闲居。与世无营，神气晏如。咨予不淑，婴累多虞。匪降自天，实由顽疏。理弊患结，卒致囹圄。对答鄙讯，絷此幽阻。实耻讼免，时不我与。虽曰义直，神辱志沮。澡身沧浪，岂云能补。嗈嗈鸣雁，奋翼北游。顺时而动，得意忘忧。嗟我愤叹，曾莫能俦。事与愿违，遘兹淹留。穷达有命，亦又何求。古人有言，善莫近名。奉时恭默，咎悔不生。万石周慎，安亲保荣。世务纷纭，祇搅予情。安乐必诫，乃终利贞。煌煌灵芝，一年三秀。予独何为，有志不就。惩难思复，心焉内疚。庶勗将来，无馨无臭。采薇山阿，散发岩岫。永啸长吟，颐性养寿。

在诗中，嵇康先回顾自己的成长，虽然自幼丧父，但得到母亲和长兄的疼爱，无拘无束地自由成长。长大后，心慕老庄学说，轻贱名利，持守淳朴，希望能保身全真的生活。然而，自己天性刚烈，不善于选择朋友，又喜欢公开臧否是非。然而，当前的政治环境又是小人、权臣当道。虽然自己生性不与人为害，但是却招来怨恨而沦落至此。于古有愧于柳下惠的正直坦荡，于今也愧对孙登的教诲；对内违背了自己的夙愿，对外辜负了一些好朋友的劝告。进而，嵇康揭示自己命运中的不平。内心是多么向往那种安平乐道、怡然自适的隐世生活，但是命运却不眷顾自己，屡遭磨难。而且，在这有冤屈也没有申诉的地方，还要受到吏皂们粗鄙的审讯，使身心受到极大耻辱，就是引来沧浪的清流之水也无法洗去自己的冤屈。心情越是沉重，嵇康对老庄思想的追求越是强烈，故而不断地诉说那种顺应时命、遗弃虚名、隐逸山林、长啸歌吟、保养性命的自由生活。在诗中，嵇康感情真挚深沉，充满对现实的无奈，又夹杂着自己的理想和希冀无法实现的悲哀与惆怅。整体看来，诗中嵇康自责自省的文字颇多，一改过去激扬褒贬的言辞。以至明代李贽在《焚书》中评价说："若果当自责，此时而后自责，晚矣，是畏死也。既不畏死以明友之无罪又复畏死而自责，吾不知之矣。"显然，李贽无法理解嵇康的自责与反省。实际上，嵇康的自责反省是在现实艰险和自我选择出现不可调和时，把人生的焦点集中到自己身上，自责多于责人，心胸坦荡地去承担命运中的困厄。嵇康虽然无法实现自己的理想和志向，但是愿意为此而牺牲自己；虽然身陷囹圄，但是并没有动摇自己的心志追求，依然对不平的现实作出不妥协的反抗。

临刑诫子　广陵绝响

狱中的嵇康虽然已把生死置之于度外，但是，仍放心不下自己的家人，尤其是年幼的儿子嵇绍。自己自幼丧父，儿子又即将如此。这时候，舐犊情深的嵇康艰难地抑制自己的感情，冷静地给儿子留下自己的绝笔《家诫》，耐心地从以下几个方面告诫儿子：

其一，关于立志。嵇康说：一个人如果没有志向，就不能称之为人。只有君子才能用心专志，按准则行事。做事情需要衡量其善恶，斟酌再三然后行动。如果所做的事是心志所向，便应当心口一致，誓死不改变。要是没有达到目的、事情没有成功，理应感到耻辱。如果自己怠慢松懈，或受外界的诱惑牵制，或受自己内心的欲望干扰，不能忍受眼前的忧患和欲望私情，便会犹豫彷徨。犹豫彷徨便会使两种心情交互相争。这样一来，被私欲杂念支配的情感便会获胜。因此，有的人半途而废，有的人功亏一篑。与这样的人坚守则不会牢固，与这样的人一起进攻则会胆怯懦弱，与这样的人盟誓则大多违约，与这样的人谋事则会外泄。这样的人整日声色犬马，放纵自己，表面看是荣华灿烂，实际上结不出硕果来。即使他们常年奔劳，也不会有什么成绩。这是君子之所以感叹的原因。像申包胥为救楚王，入秦乞求援助，痛哭七天；伯夷、叔齐坚决避居首阳山，不食周粟，成全自己的洁行；柳下惠坚守信用，不为鲁君做伪证；苏武忍辱牧羊十九年，持守节操。这些人可谓心志坚定啊！所以用没有二心的方法恪守志向，安心履行，才能达到守志的最高境界。

其二，关于官场处世。嵇康告诫说：与上级官员相处，只要尊重他们便可以了。不可以过于亲密，也不可以频繁造访。造访要有合适的时机，和许多人一起去造访，不可以最后离开，更不可以留宿其家。之所以要这么做，是因为长官喜欢打听外界的事情，或许有时遇到某些事情被揭发，怨恨你的人便会说是你告的密，就没办法开脱了。如果你能寡言慎行，那么怨恨便自然会消除。

其三，关于立身处世的态度。嵇康说：立身处世应该清廉高远。如果遇到麻烦，别人会希望你尽力帮忙。对于这些需要自己帮助的，应该以谦和的态度婉言谢绝。如果一直不参与这样的事情，别人自然会给予谅解。如果请求者的确蒙受大的冤屈，而自己又不忍坐视不管，可以表面拒绝，暗地相助。之所以这样做，对上可以避开别人对自己的期望，对中可以谢绝常人俗辈的请托，对下也可以保全自己的清明。

其四，关于慎思而行。嵇康说：大凡做事，先要思考是否可行。如果自己打算去做某事，而别人提出异议，应该允许他说出改变的理由。如果他讲得十分合理，就不要为了颜面而坚持不改，而应该改正后再行动。如果他的理由不充分，而是用人情来劝说，即使一再劝说，也不用改变初衷。

其五，关于道义与情感。嵇康说：处世不能过于清高。如果看到穷困潦倒的人，而自己又有能力救济，便应该依道义而行。如果有人主动要求你帮助，就应该考虑。如果自己损失的过多而得到的道义又少，便应该拒绝他。即使他一再纠缠，仍应当坚决拒绝。然而，大多数情况下别人有所求都是因为他无我有，所以来求，为了面子不忍拒绝，轻易散财之举是不可取的。

其六，关于言辞。嵇康说：言辞是君子立身处世的关键之一。话一旦说出，各种是非都会随之而来，因此，不可不慎言辞。如果是自己十分了解的事，又想发表自己的意见，这时应当小心讲错话，最好忍住不说。事后可能会发现当时没有发言无论对错，都是明智的。何况，在世俗之人中好事传播得慢，而坏事传播得快。而且，议论别人的缺点过错，又是人的通病。众人交谈，很少有什么高论，多是大同小异的轶事新闻。对于这种事情，不值得搭理。当其他人有争辩，自己又不知道何对何错，切莫参与其中，而应该静静地观看，是非自然会呈现。或许有时双方各有道理又各有不足，所以应该自始至终不表态。即使有人询问你的看法，你应以不理解加以回绝。如果在酒宴上看到有人争论进入白热化，这是即将发生争斗的征兆，应该尽快离席而去。坐视争斗必然明见是非曲直，一旦发言表态，肯定会得罪其中的一个人。通常争论不休的人是小人，即使有是非对错，获了胜又有什么值得称道的呢？不如在一旁佯装大醉为好。如果你有所倾向，别人一定要你表态，则要守口如瓶，绝不发言。如果对方采用颂扬或蔑视的手段，不要惧怕被其牵制，郑重回答，无可奉告。

其七，关于人际交往。嵇康说：如果不是熟知的旧交邻居，贤才以下之人的邀请，应当借故推辞。疏远荣华富贵则会有助于保持清心寡欲。如果不是紧迫急事，终生不求他人，这是上等的美德。不用在小节上计较卑微谦恭，而应当在大节上谦逊宽宏；不用在小节上做到廉洁知耻，而应当知道顾全大节。诸如在朝廷上让出自己的官职，面对大义牺牲生命。像孔融请求代替兄长而死之举，这才是忠臣烈士的节操。

其八，关于隐私问题。嵇康说：人人都有隐私，切莫去打听别人的隐私。如果对方知道你知道他的隐私，便会怀恨于你。若知道了别人的隐私，而不外说，那么也是不知道隐私。如果看到别人聚在一起窃窃私语，便应该立刻离开，不要使他们忌恨你。若他们硬要强迫你一起议论，言语邪恶凶险，你应当严肃地用道义纠正他们。为什么这么做呢？这是因为作为君子是不容许这类伪薄的言论的。一旦事情败露，他们也会供出你事先知道此事，因此要多加防范。人们私下之间的谈话往往无所不及，也应当时常留心，见到别人私下谈话及时躲开。有时你偶尔知道他们的谈话，如果表示赞同，则不合乎道义；如果反对，又担心他们唯恐事情泄露加以灭口。如果不是自己熟悉敬重的人嘲笑你朋友的缺点，切莫加以应合；也不要过于冷漠矜重，仅用沉默来应付他，他的嘲笑行为便会自我中止。只要没有相互监督辖制的关系，交往没有什么特别的理由，一起饮酒，交换礼物，这样的交际是人与人之间的常道，不必刻意违逆。如果超过这些再进一步，不是挚友至交，他人馈赠的布帛等过重礼物，应当坚决回绝。为什么这样做呢？一般人都是重利轻义的，而现在如此破费，必然是有所图而为之的，以损失财货换取日后的回报。这是世俗之人乐于做的事情，君子却深恶痛绝的。

最后，嵇康又劝诫儿子应该慎重饮酒，也不必硬劝别人喝酒，对方不喝自己也应该停止。如果有人来劝自己喝酒，则礼貌地做出奉陪的姿态装作喝酒就行了。如果已感到醉醺醺，切忌再喝，否则就要烂醉而不能控制自己。

嵇康的这封临终书信饱含着浓郁的亲情，句句无不透露出嵇康对现实社会的思索、对人生况味的体察，并以自己的思索与体察告诫儿子，对儿子充满关爱与希冀。信的内容一反嵇康过去任情不羁的行为和思想，而是期望儿子能够谨慎生活，具有大志大节。嵇康写这封信类似阮籍对儿子阮浑的劝诫。当阮浑要加入竹林七贤放浪纵恣时，阮籍则阻止说："仲容（阮咸）已预吾此流，汝不得复尔。"家里已有阮咸加入了，已经够了，你就不用再加入了。嵇康、阮籍的语言和行为颇令人感到矛盾。戴逵《竹林七贤论》揭示其中的原因说："盖以浑（阮浑）未识己之所以为达了。"阮浑还没有真正认识到放达的原因，这其中饱含面对险恶的政治环境，如履薄冰般的焦虑，也包含着为了个人的志向，选择人生的痛苦。无论表面如何放荡潇洒，这种焦虑和痛苦都时刻折磨着他们，危险也会随时降临。他们对老庄的追求和效仿并没有改变内心深处所受的儒家思想的影响，骨子里还是不愿后代学习自己重走悲剧式的人生道路。关于这一点，鲁迅看得很清楚，他说："嵇康是那样的高傲，而他教子就要他这样庸碌。因此我们知道，嵇康自己对于他自己的举动也是不满意的。所以批评一个人的言行实在难，社会上对于儿子不像父亲，称为'不肖'，以为是坏事，殊不知世上正有不愿意他的儿子像自己的父亲哩。试看阮籍嵇康，就是如此。这是，因为他们生于乱世，不得已，才有这样的行为，并非他们的本态。但又于此可见魏晋的破坏礼教者，实在是相信礼教到固执之极的。"又说："魏晋时代，崇尚礼教的看来似乎很不错，而实在是毁坏礼教，不信礼教的。表面上毁坏礼教者，实则倒是承认礼教，太相信礼教。因为魏晋时代所谓崇尚礼教，是用以自利，那崇奉也不过偶然崇奉，如曹操杀孔融，司马懿（**笔者注：应为司马昭**）杀嵇康，都是因为他们和不孝有关，但是曹操司马懿何尝是著名的孝子，不过将这个名义，加罪于反对自己的人罢了。于是老实人以为如此利用，亵渎了礼教，不平之极，无计可施，激而变成不谈礼教，不信礼教，甚至于反对礼教。但其实不过是态度，至于他们的本心，恐怕倒是相信礼教，当作宝贝，比曹操司马懿们要迂执得多。"

嵇康被捕及定罪的消息立刻在洛阳传播开来，社会各界颇为震动，在太学生中和社会豪俊之间反响尤其强烈。太学是嵇康曾经隐逸的地方，嵇康的才情、名士风度吸引了众多的太学生。虽然许多人不曾与之结交，但嵇康在太学里谈玄辩论、抄写石经等事迹早已满盈于众人之耳，心慕已久，甚至愿意为嵇康献出生命。可以说，嵇康是众多太学生的精神导师或偶像。或许是在嵇康在太学时的好友召集和带领下，数千太学生联名上书请求赦免嵇康，让他在太学教授学生。与之同时，社会上的一些豪俊之士，自愿陪同嵇康一同入狱。在官府的劝解下，他们才慢慢散去。在重视声名、士风的社会，嵇康当属当时的第一名士，在某种程度上是时代知识分子的神圣人格的代言人。

太学生的联名上书，社会豪俊的自愿陪狱所造成的浩大声势，不仅没有迫使司马氏集团妥协，反而让其感到恐惧。长期以来，为了平叛、镇压反对势力，司马氏两代三人不断地清除异己，唯恐自己的权势不保。这次上书、陪狱行为让司马氏集团更加惊恐于嵇康的声名和力量，不可以让嵇康这头"卧龙"再起，于是加速了处死嵇康的步伐。

不久，嵇康与吕安便被押赴刑场。刑场设在洛阳建春门外的东市。从监狱到东市的路上，拥满了人群，有嵇康的故交旧友，有慕名而来的太学生，有社会上的豪俊之士，有商贩，有沿街的居民……除了少许司马氏集团的政客和少许麻木的看客外，多数人对二人的冤案叹息不已、伤心不已，甚至为之顿足鸣冤。一路上，嵇康、吕安安然而行，不时相视而会心一笑，又不时和人群中的朋友挥手招呼。在午后阳光的斜照下，嵇康的身影凸显得很高大，愈发让人无法抗拒地感触到一种伟岸而不息的人格、一颗勇敢而神圣的心灵。行至东市，嵇康向人群中的哥哥嵇喜索取了自己心爱的古琴。然后，席地而坐于刑台上，调试了一下音色，神色自若地再一次弹起最契合自己此时此地心情的《广陵散》。

《广陵散》相传是嵇康夜宿华阳亭时，神异人物所传授的，并要嵇康立誓不传他人。"广陵"在汉魏时期指徐州。"散"是操、引乐曲的意思。从标题看，这是一首曾经流行于广陵地区的琴曲。此曲形成较早，应璩的《与刘孔才书》中就有"听广陵之清散"的话，《广陵散》的成曲年代要早于嵇康。据戴明扬考证，《广陵散》是颂扬刺客聂政刺杀韩相侠累的事迹。显然，嵇康弹此曲痛感曹魏将倾，司马昭之心人人皆知，以侠累比喻司马昭。此曲有四十五段，以"刺韩""冲冠""发怒""投剑"等为分段小标题。又分开指、小序、大序、正声、乱声、后序六个部分。正声之前的部分主要是表现聂政的不幸命运；正声之后则表现对聂政壮烈事迹的歌颂。作为乐曲主体部分的正声则着重表现了聂政从怨恨到愤慨的感情发展过程，展示聂政反暴相、愤慨不屈的精神。通听此曲，弥漫着一种强烈抗击杀伐的战斗气氛，故宋代学者朱熹认为"其曲最不和平，有臣凌君之意"，明代学者宋濂说"其声忿怒躁急，不可为训"。

临行前，嵇康虽然外表镇定自若，但是把满腔的悲愤之情化作琴音，指控政治的黑暗和污浊。曲终音息，嵇康长叹一声："袁孝尼尝请学此散，吾靳固不与，《广陵散》于今绝矣！"话毕，从容就义。面对死亡，嵇康用生命和灵魂演绎出千古的绝响、千古的冤屈！在这一历史的定格中，死神完全被这高亢而又愤怨的琴声所击碎，它留给世人的不仅是那一抹夕阳晚照时的凄婉哀怨，更是沧桑历史对永恒意义的诠释。

这一切在历史上烙下了印痕，时间大致是景元四年冬日的某一天。

关于嵇康被害的时间，史书上有不同的说法：干宝《晋记》、孙盛《魏氏春秋》、习凿齿《汉晋春秋》等认为嵇康卒于魏高贵乡公正元二年。裴松之《三国志·王粲传》注对此作了考辨，认为与史实不合，属于误记，但只是延续《三国志》卒于景元中的说法。司马光《资治通鉴》、郎瑛《七修类稿》、钱大昕《疑年录》等又记其卒年为景元三年，朱希祖、刘汝霖、何启民等学者也赞同这种说法。但是近代以来，戴明扬、陆侃如、沈玉成、庄万寿等学者经过考辨，认为嵇康被杀于景元四年。其中有一个重要依据是嵇康被害和时任司隶校尉的钟会有密切的关系，故又有学者认为，景元三年冬司隶校尉钟会兼任镇西将军，而伐蜀真正开始在景元四年，嵇康的卒年下限为景元四年。这种说法是可取的，魏晋时期的司隶校尉治所虽然在京师，但管辖范围已达到山西和陕西的部分地区，兼任镇西将军也是合理的。何况，从政治上讲，嵇康的死与写于前不久的《与山巨源绝交书》也有密不可分的关系，而从这篇文章内容判断，也当写于景元四年，或许是作为好友的山涛已经发觉嵇康有性命之忧，以荐其出任官职来摆脱司马氏的迫害，而嵇康以生命为代价，断然回绝此事。

逝者虽长已矣，但生者并没有因此减少对昔日好友的缅怀思念。这一年冬，在嵇康被害不久，阮籍抑郁而终。阮籍虽然没有嵇康在政治上的刚烈，但委心周旋于受司马氏集团左右的官场，谨慎小心；但其内心的压抑也是异常强烈。与嵇康坦荡、从容就义相比，阮籍的死更多地凸显出心灵饱受折磨后的悲凉与苦涩。时年三十岁的王戎也因答钟会征蜀之计，被辟为司马昭的相国掾属。后来虽官运亨通，但游离于政事，以吝啬、"死孝"闻名。后来，王戎偶尔路过嵇康旧居附近的黄公酒庐，触景生情，感伤不已。向秀这一年也被本郡所推荐，去京师任职。赴任途中，忍不住信马绕到山阳嵇康故居，含着热泪，情不自禁地写下了千古绝唱《思旧赋》：

> 余与嵇康、吕安居止接近，其人并有不羁之才。然嵇志远而疏，吕心旷而放，其后各以事见法。嵇博综技艺，于丝竹特妙，临当就命，顾视日影，索琴而弹之。余逝将西迈，经其旧庐。于时日薄虞渊，寒冰凄然。邻人有吹笛者，发声寥亮。追思曩昔游宴之好，感音而叹，故作赋云：

> 将命适于远京兮，遂旋反而北徂。

> 济黄河以泛舟兮，经山阳之旧居。

> 瞻旷野之萧条兮，息余驾乎城隅。

> 践二子之遗迹兮，历穷巷之空庐。

> 叹《黍离》之愍周兮，悲《麦秀》于殷墟。

> 惟古昔以怀今兮，心徘徊以踌躇。

> 栋宇存而弗毁兮，形神逝其焉如？

> 昔李斯之受罪兮，叹黄犬而长吟。

> 悼嵇生之永辞兮，顾日影而弹琴。

> 托运遇于领会兮，寄余命于寸阴。

> 听鸣笛之慷慨兮，妙声绝而复寻。

> 停驾言其将迈兮，遂援翰而写心！

夕阳之下，面对着苍苍山野、斑斑的旧庐遗迹、凄冷的寒冰，向秀再也禁不住心中的伤痛，泪流满面。过去熟悉的音容笑貌、清谈辩论、饮酒行吟荡然无存，剩下的是陌生的村舍笛音。又或许是伤心到极处，向秀不忍再去回忆，文章匆匆而止；也或许是因为政治环境的恶劣，向秀欲说而不能说，刚开头便煞尾，把对嵇康最真切的思念就这样作了一次历史的凝固。

第6章

思 想 要 旨

元气陶铄　众生禀焉

史蒂芬·霍金在《时间简史》中说："一套完整的统一理论的发现可能对我们种族的存活无助，甚至也不会影响我们的生活方式。然而自从文明开始，人们即不甘心于将事件看作互不相关而不可理解的。他们渴求理解世界的根本秩序。今天我们仍然渴望知道，我们为何在此？我们从何而来？人类求知欲最深切的意愿足以为我们所从事的不断的探索提供正当的理由。而我们的目标恰恰正是对于我们生存其中的宇宙作完整的描述。"霍金所说的发现"一套完整的统一的理论"，实际上是建构一个宇宙图景，对包括天地万物在内的宇宙构成和产生寻找一个生化的本源，并从这个本源上解释宇宙万物为什么是这样的，这就是人们常说的宇宙论，也称宇宙生成论。

"元气陶铄，众生禀焉"，是嵇康在论述其哲学思想时提供的宇宙图式。大意说：世间万物都是由气化而来，禀赋的多少也和气化有关系。这种宇宙论的提出，是以传统气论为理论基础。"气"在甲骨文、金文中就已经出现，在以后各个时期的著作中，不断地加以应用，是魏晋之前解释宇宙生成论的重要哲学范畴。汉代思想家又在诠释宇宙论图式时糅以阴阳、五行等思想，逐渐发展为一套以元气为本源的具有严密体系的宇宙生成论模式。到了汉魏时期，刘劭的《人物志》秉承气化思想，把气作为一种动力活源，决定人的静、躁等特质。虽然从正始玄学开始，玄学家逐步抛弃了宇宙生成论的思想，而去探寻事物存在根据的本体论问题，但是深受传统气论的影响，在嵇康的著作中仍存在着大量以气化论解释宇宙生成的思想。

在嵇康的诗文中并没有对"气"或"气化"的概念作出严格的界定，他谈论"气"的范围很广，从自然界到人事，无不与气化活动有关。嵇康认为自然界的万物都遵循气化活动。当天空中出现"微风清扇"时，便会使"云气四除"。以现在科学的眼光看，"云气"不过是对空气中水分的描述，但是对于嵇康来说，则是对"云"气变化活动的一种描述。且这种气化活动又存在于四季之中，所以嵇康称四季的变化特征为"四时之气"。又说"六气并御，而能含光内观"，"六气"则指阴、阳、风、雨、晦、明六种天气现象，而形成这六种气象的就是"气"。在嵇康看来，自然界的万物也是遵循气化活动，因气而生，又因气而亡。展现于人事，嵇康在论述养生思想时，特别重视"食气"之法。他说："凡所食之气，蒸性染身，莫不相应。"所有吃的食物因所禀含气的不同，便会出现不同的性质，这些都会熏陶一个人的情志，沾染身体。进而，嵇康提出一种说法："神仙虽不目见，然记籍所载，前史所传，较而论之，其有必矣。似特受异气，禀之自然，非积学所能致也。"意思是，神仙之所以为神仙是因为禀受了神异之气。当嵇康谈到普通人与气的时候，"气"多是作为一种精神特质而加以描述。诸如他说："外物以累心不存，神气以醇白独著。"受外物的牵累而心神不存，而内在的神气作为一种精神特质却因其醇素淡泊而独能显著。显然，嵇康对气的论述很不系统，只是通过一些具有经验或神秘性的描绘来说明"气"，并将"气"作为万物存在的质料或动力因素。

在描绘万物生成时，嵇康又继承传统的元气自然和阴阳五行说。他说："浩浩太素，阳耀阴凝，二仪陶化，人伦肇兴","元气陶铄，众生禀焉"。作为元气的太素在嵇康思想里是指天地未判时的宇宙混沌状态，具有无色、无形、无声等虚无特征；但是，当轻的阳气上升、浊的阴气下降后，便有了天地之分。气化活动又遵循阴阳五行运动的自然规律形成大千世界，从而他多次把"元气""阴阳""五行"相结合，论述宇宙的生成。诸如论述"明"（*智慧*）与"胆"（*勇敢*）时，嵇康认为智慧和勇敢是禀受不同的气而形成的，阳气的精华生成智慧，可以照见外物，洞察一切；而阴气的精华则生成勇敢，可以作出决断。智慧和勇敢之间虽然不存在生成关系，但是阴阳二气可以互感，智慧和勇敢也可以互相激发。嵇康又认为，人姓的发音归为宫、商、羽、角、徵五音，分别为木、火、土、金、水五行之气所生。五行之气之间存在着有规律的相生相克的关系，不可任意结合，故同姓之间不可通婚，否则对繁育后代不利。土地也由五行之气决定，也存在不同的特征。不同的地域与不同姓氏的人之间，也存在着相生相克的关系。论声无哀乐论时，认为宫、商、羽、角、徵五音由木、火、土、金、水五行之气组成，所以无论怎么发声，都是气的震动，故而本身没有情感。人心由五行之气中和而成，遇到五音（*五行之气*）则会因为同构性形成和声，和声可以感人。

由此可以看出，嵇康是利用元气、阴阳、五行相结合的思想来描绘宇宙万物生成的。这种生成现象无不是遵循着一种自然之理，展示着一种自然状态。因而可以说，在嵇康气化生成论思想中元气、阴阳五行之气只是在生成的过程中充当质料与活力因素，其最终目的是揭示宇宙间万物的"自然之性""自然之理"。嵇康的这种自然观与他熟读老庄哲学有密切的联系。在老子思想中，常常把自然作为符合事物本性，又不受外来强制的一种存在方式或者状态。并且认为"道法自然"。"道"作为宇宙本源，虽然具有幽冥、恍惚、玄奥等深不可测的特征，但是在产生万物的过程中，道则表现为一种自然无为的过程，就连圣人也只能"以辅万物之自然，而不敢为"。圣人的作用也只是间接性的顺应辅助，不能违背自然。这种对自然的认识，落实到社会秩序上，老子强调一种像婴儿般质朴的自然生活，即所谓"常德不离，复归于婴儿"。"常德"指的是自然发展的客观规律。人们遵守自然规律，像婴儿一样纯真而没有伪心，整个社会就会和谐，人们也会乐业。这种道法自然的思想被庄子继承，而且庄子更加侧重从生存的状态方面强调道，认为道无所不在，甚至在屎尿、蝼蚁小虫中也存在。道展现的就是自然界的本来状态，万物自身顺性发展就展示了这种自然。嵇康继承了这种思想，在对万物的起源进行描述时，一方面把"太素"描绘成无色、无形、无声等与万物同化的道体状态；另一方面认为万物的生成遵循这种自然之道、自然之理，诸如"物全理顺，莫不自得""万物熙熙，不夭不离"等等，均是嵇康对追求自然和社会理想的一种描绘。

上述宇宙论、自然观贯穿于嵇康思想的始终，嵇康以此为基础对社会政治加以阐述。但是，随着政治的变化，嵇康的自然观也指向了不同的政治状况，从而展现了不同的思想特点。

君道自然　越名任心

如果以正始十年的高平陵政变，曹爽、何晏为首的亲曹集团的覆灭为界限划分嵇康的思想，那么在嵇康前后思想中分别侧重于"君道自然"与"越名任心"的论述。在正始时期，曹魏政权相对稳固，虽然长期形成的以儒家思想为主要基础的一套政治社会制度、伦理道德规范——名教已经开始衰落，但是其维护和调节社会的功能依然十分强大，正始玄学面临的任务则是从理论上为名教制度寻找合理的存在根据，探索名教和自然相结合的思想理论，并将其运用于政治社会制度的建构之中。嵇康深受正始玄学的哺育，甚至和何晏、王弼等正始玄学家一样在某些方面推动了正始玄学的发展。在嵇康的作品中，尤其是在其前期作品中关于"名教与自然相结合"的论述，主要体现在对"君道自然"的政治理想的描绘。虽然在嵇康后期作品中也不乏对"君道自然"的论述，但是随着司马氏的专权，大量名士被屠杀，亲曹势力的不断覆灭，魏晋易代逐渐成为定局，嵇康更多的是侧重对"越名任心"思想的论述，"君道自然"则成为一种希冀和对现实政治不满的反衬。

首先，看嵇康的"君道自然"的政治思想。在论述时，嵇康继承了上古治世圣人治理天下的思想。诸如他在《六言诗》中说：

> 二人功德齐均，不以天下私亲。高尚简朴慈顺，宁济四海蒸民。(《惟上古尧舜》)

> 万国穆亲无事，贤愚各自得志。晏然逸豫内忘，佳哉尔时可意。(《唐虞世道治》)

> 法令滋章寇生，纷然相召不停。大人玄寂无声，镇之以静自正。(《智能用有为》)

在诗文中，嵇康展示了自己理想中的社会政治观：将道家的自然无为的思想与儒家传统中的上古圣人治世的传说相结合，形成了"君道自然"的治世之道。在这种治世之道中，上古的尧舜是崇尚简朴、慈顺治民的圣人明君，他们以自然无为的方式治理天下，没有烦琐的法令，也没有滋生盗贼。在他们的治理下人们和睦相处，各安其志，天下太平安康。

稽康在《声无哀乐论》中又说："古之王者，承天理物，必崇简易之教，御无为之治，君静于上，臣顺于下，玄化潜通，天人交泰。枯槁之类，浸育灵液，六合之内，沐浴鸿流，荡涤尘垢；群生安逸，自求多福，默然从道，怀忠抱义，而不知所以然也。"

在这里，稽康认为古代的圣王是承顺自然的天理来治理天下的，必然也会按照自然简易的方式教化人们，施行清静无为的政治。君主恬静于上，不乱制定法令来扰民；群臣安顺于下，不乱提出扰民的建议。如同万物享受甘霖的自然滋润一样，百姓沐浴着圣王自然无为的治理恩惠。世间一切都是和谐的而归于正道，人们自然而然地持守忠信、仁义的美德，却感觉不到有这种美德。

在《答难养生论》中，稽康又说："至人不得已而临天下，以万物为心，在宥群生，由身以道，与天下同于自得。穆然以无事为业，坦尔以天下为公。虽居君位，飨万国，恬若素士接宾客也。虽建龙旂，服华衮，忽若布衣在身也。故君臣相忘于上，蒸民家足于下，岂劝百姓之尊己，割天下以自私，以富贵为崇高，心欲之而不已哉？"

这段话中，稽康认为至圣之人不得已才君临天下，他们遵循万物的自然之道，顺应百姓而治理天下，无为而治。其处身行事也不违背自然之道，心胸坦荡视天下为公，虽然处于君主的高位，但是心存淡泊与布衣百姓无二。所以君臣能相忘自己的等级地位，百姓能富裕殷实，不存在君主要求百姓尊崇自己，宰割天下满足自己私利的情况。甚至，约在高平陵政变发生前后，在嵇康所作的《太师箴》中也在赞美这种君道自然的治理模式，认为最初的原始先民淳厚质朴，不知道运用谋略，也没有什么私欲，一切都是自然人性的展现。古圣明君也顺应这种自然之理，静默无为不行礼法，奉行平易简约的政策，万物和美繁荣，人们安居乐业。

可见，嵇康从自然的本性出发论述君道自然，把君主、臣民乃至万物统一起来。君主、臣民无不遵循自然的天性，"承天理物""自然"是这种政治的内核。实际上，嵇康用老庄自然无为的思想来解读儒家的上古治世的同时，也把儒家的仁义等道德伦理，甚至礼法规范看作是符合自然的，将儒道的政治思想统一起来。嵇康的这些论述，也是对正始名教与自然结合为一思想的反映。在正始时期，王弼提出了"圣人体无""应物而无累于物"的政治哲学。"体无"即体自然无为之道，是内圣的工夫所指。"应物"则是治理天下，是属于外王的范围。内圣与外王的结合也就是名教与自然的结合。

然而，作为竹林玄学杰出的开创者，嵇康并没有停止对时代变化的思考。从嘉平到景元年间，随着司马氏集团的兴起与专权，曹魏集团的逐渐衰落，政治力量进行了重新分化与组合。在这种分化与组合的过程中，伴随的是亲曹势力的鲜血，大量名人被屠杀，政治动荡不已，道德规范失序，思想混乱，名教的社会调节功能遭到严重的破坏。面对这种从政治社会制度到伦理道德全方位的失范，嵇康、阮籍等竹林玄学家在恐惧、不安、彷徨中勇敢地对时代提出的种种问题作出回应，对名教与自然的关系作出新的诠解，更多的是批判现实中虚伪的名教违背自然的现象。在这一时期，嵇康提出了许多令人震惊的观点。其中最重要的是"越名任心"的思想。嵇康在《释私论》中说："夫称君子者，心无措乎是非，而行不违乎道者也。何以言之？夫气静神虚者，心不存乎矜尚；体亮心达者，情不系于所欲。矜尚不存乎心，故能越名教而任自然；情不系于所欲，故能审贵贱而通物情。物情顺通，故大道无违；越名任心，故是非无措也。"

在这里，嵇康提出了"越名教而任自然""越名任心"这一貌似极端蔑弃礼法的口号。在他看来，所谓的君子应该心中不怀藏世间的是非，不违背自然的大道。他们禀性恬静，不存在骄矜自大；心胸旷达，情欲不受嗜好的拘系。因此，能超越名教的约束，任情自然。

在《难自然好学论》中，嵇康甚至把批评的矛头指向儒家的六经以及以之为依据的名教。他说："六经以抑引为主，人性以从欲为欢。抑引则违其愿，从欲则得自然。然则自然之得，不由抑引之六经；全性之本，不须犯情之礼律。若以明堂为丙舍，以诵讽为鬼语，以六经为芜秽，以仁义为臭腐；睹文籍则目瞧，修揖让则变伛，袭章服则转筋，谈礼典则齿龋。于是兼而弃之，与万物更始。"

在这里，嵇康极力痛斥六经以抑制人的性情为根本，违背了人情欲望的自然性情。所以，要遵循自然天性必须摒弃六经的误导，要保全天性必须摒弃规范人们的礼制和法律。因此，嵇康发出要把天子推行教化的明堂看作是坟地墓舍，把诵读经书之声看作鬼魂话语，把六经看作丛生的杂草，把仁义道德看作腐臭之物的反叛宣言。同时，他又诅咒说：学习经文会造成人眼花，学习揖让之礼会造成驼背，穿上礼服会造成痉挛，谈论礼典会造成蛀牙。在嵇康看来，只有把这些全部抛弃才能顺应万物重新生活。

为什么嵇康要如此否定六经、否定名教？一方面，这与嵇康对名教出现的历史认识有关。在他看来，由于"至人不存，大道陵迟"，至圣的君主不存在了，再也没有什么自然的治世大道了，于是，便出现了文字传达人们的心意，创立了仁义道德来约束人们的情思，制定不同的名分礼制来规定人们的行为。儒家的六经不过是诸子百家中的一种，开辟了人们争夺荣名利禄之途，违背了人们的自然天性，这是一种社会的倒退。反过来讲，嵇康的目的是主张名教的礼仪规范的制定要顺乎人类纯朴的自然本性。这也是嵇康前期主张名教与自然相合为一的原因。

另一方面，残酷的社会现实使嵇康看到的更多是虚伪的名教，儒家纲常变成了束缚人的自然本性的工具。司马氏集团表面上提倡以"孝"治天下，暗地里却行欺君夺权之实；表面上大谈仁义，实际上又无不践踏仁义。诸如，嘉平六年司马师诛杀夏侯玄、李丰等人后，又废掉魏主曹芳，并且胁迫太后下旨诬陷说：曹芳长期以来不理朝政，沉溺于宫廷女色，违乱宫廷的法度，不守孝道。作为太尉的高柔便告祭曹氏宗庙，废除曹芳。曹髦被弑后，司马昭故伎重演，又迫使郭太后下一道令说曹髦造作丑逆不道之言，诬谤太后，并将弓箭对准太后的西宫，遥想射中太后。甚至诬陷说：曹髦贿赂太后左右侍从，试图鸩毒太后。后来发觉事情败露，便率兵闯入西宫谋杀太后，又多亏王沈、王业告诉司马昭才幸免于难。这完全是颠倒黑白，栽赃名教！司马氏将名教视为自己丑恶行为的遮羞布，所谓的仁义道德不仅丧失了其自然的本真，而且成为争夺政治权势的工具。显然，这种伪名教已无法令世人信服，也无法继续调整社会关系。士人们也因思想与行为失去了定准，陷入苦闷、彷徨之中，而老庄、特别是庄子的思想，不仅能为他们提供暂时的精神寄托，还能提供反叛的精神支撑。嵇康后期反对名教的"越名任心"思想，主要是针对这种现实政治而发的。

实际上，在嵇康的后期思想里，前期追求自然与名教为一的"君道自然"思想也没有放弃，而是作为暗线隐藏于其内心深处。嵇康反对的是伪名教，因此所谓的"越名教而任自然"不过是超越、不拘泥于名教而已。嵇康并不反对真正的名教，而且希冀用老、庄理想为名教提供一剂补救的良药，通过"任自然"来挽救真正的儒家伦理道德规范，恢复名教本来的功用。当然，嵇康的这种理想在现实中是无法实现的，也只有把这种理想诉诸文字，作为精神寄托。诸如他在《卜疑集》中塑造了一位寄托理想的"宏达先生"。宏达先生既具有道家顺乎人性、不违背自然的行为风范，又具有儒家的忠贞、诚信等道德品质。

嵇康的理想毕竟脱离了现实，现实中展现的名教是与自然之道背离的。又加上他孤傲的性格，蔑视权势的行为，更加促使他的行为处世、思想发展朝向了"任自然"的方面。如果说前期嵇康的思想里还倾向正始玄学以"无"为本体，统合自然与名教；那么嵇康后期的思想更侧重于揭示"自然"，呼唤自然的人性、自然的社会秩序。可以说，在后期，嵇康发展了正始玄学中的"自然"思想，甚至把自然推向一个本体论的高度。诸如他说"心无违道，与道同体"，心中不存在是非曲直，便可以体悟道，进入全然自然、无为而无不为的境界。很显然，嵇康的"自然"论已经具有境界本体论的意义。愈是"任自然"，嵇康的思想越与现实相违逆，心灵也愈加的苦闷、彷徨、挣扎；而嵇康又无法找到理论与现实结合的出路，最后只能回归到自我的内心，从人格追求上完善自己。故而，嵇康不仅留下了大量"师心遣论"的论文与展现心志高远的诗歌，也受到时人如孤松、如玉石的赞誉。

第 7 章

历 史 影 响

　　嵇康被杀后，竹林玄学随之被尘封于时代之中，但同时也开启了对以后历史的影响。汤用彤说，嵇康"思想并不精密，却将玄学用文章与行为表达出来，故在社会上之影响，嵇阮反出何晏之上，而常被认为是名士的楷模"。这样的评价是中肯的。嵇康的影响不仅在于他的玄学理论，更多地在于他的人格魅力，这也许是他被长期传颂不已的原因。

　　从思想上看，嵇康既不像王弼那样专注于玄学理论的构建，也不像何晏那样追求事功。嵇康的思想算不上很系统，但是却展示了那个时代的思想特征。如果说王弼、何晏开启的正始玄学侧重于追求理论的深度，讨论世界的本体是什么、有无之间的思辨关系，等等，进而展示名教与自然相统一的政治哲学，那么，嵇康则发展了正始玄学中自然与名教统一的主题，侧重于用自然来否定现实中的伪名教。然而，面对现实中名教的异化，嵇康越是追求自然，悬孤"自然"本体，就越难在现实中找到心灵的寄托，自我的反抗意识也越来越强烈，回归自身的精神需求也越来越迫切。因此，在某种程度上，嵇康的玄学通过否定"名教"，将玄学由正始时期侧重于玄理、政治的视域转向了对人性的关注，由本体思辨哲学转向人生哲学，通过抒发人自身的感受来推进玄学的发展，使其深入到自我意识与精神领域之中，构建理想的人格。在以后玄学的发展中，这种注重个性、人性的思想被凸显出来，本性问题也成为玄学关注的焦点，个性的自由解放成为魏晋的时代精神。后来向秀、郭象的玄学中尤为突出任性逍遥的问题，诸如对庄子"逍遥"义的诠释上，他们就认为："大鹏之上九万，尺鷃之起榆枋，小大虽差，各任其性，苟当其分，逍遥一也。"大鹏和燕雀不管是高飞九万里，还是飞落于榆枋树木之间，它们都是自己本性的展现，这也就是逍遥。这在某种意义上，又把嵇康追求和悬孤的"自然"拉回现实社会中来，从现实名教里寻找自然本性存在的合理性。因此，玄学经过以嵇康为首的竹林玄学的发展，从本性（**名教和万物都遵循各自的本性**）的角度开始向正始玄学作出高层次的理论回归。

从玄学理论的回归所依据的诠释经典看，嵇康的作用更为重要。在嵇康的思想里，注重对崇尚逍遥自由的庄子思想的发挥，他不仅将庄子与老子并称，公然标榜"老子、庄周，吾之师也"，而且生平许多言论和行为几乎都是对庄子思想的发挥。这在当时具有开风气之先的意义，直接促成了庄子其人其学在魏晋时期的复活和兴盛；并且，对日后玄学的转向提供了重要的思想源泉。继此之后，两晋的士人与庄子之间的不解之缘日益深厚，甚至影响到西晋末年以后的佛教传播，佛教理论也必须借助庄子才能迎合中国士人的品味，达到顺利传播教义的目的。

和理论上的建树相比较，在世人心目中，嵇康伟岸的仪表、刚正嫉恶的性格、悲壮的命运、杰出的论辩、博综众艺的才能，等等，使其在生前与殁后受到人们普遍的尊重和敬仰。可以说，嵇康早已成为中国传统士人反复咏吟的主题，成为士人心目中一座永恒的雕像。

在魏晋南北朝时期，嵇康的人格风度就深受时人及后人的喜爱，甚至崇拜，主要体现在以下几个方面：

其一，关于嵇康的仪表风度。《世说新语·容止》的记述上文已经引用。齐臧荣绪《晋书》称之为"风姿清秀，高爽任真"。梁刘义庆著、刘孝标注的《世说新语》更是广泛采集以往对嵇康评价的言语，诸如征引《嵇康别传》说：

"康长七尺八寸，伟容色，土木形骸，不加饰厉，而龙章凤姿，天质自然。正尔在群形之中，便自知非常之器。"

其二，关于嵇康的志向、德行、气节、人格、事迹等。向秀《思旧赋》以"志远而疏"展现嵇康脱俗的志向。《世说新语·德行》记载王戎说："与嵇康居二十年，未尝见其喜愠之色。"虽然嵇康对社会政治的黑暗作了无情的针砭，但是在生活中却喜怒不形于色，这无疑是其人格内在涵养极高的展现。东晋谢万作《八贤论》，把嵇康与历史上的屈原、贾谊等并称，并说："邈矣先生，英标秀上。希巢洗心，拟庄托相。乃放乃逸，迈兹俗网。"其友孙绰作《道贤论》，把佛教高僧帛法祖比作嵇康，认为："二贤并以俊迈之气，昧其图身之虑，栖心事外，轻世招患，殆不异也。"庾阐作《孙登赞》说："嵇子秀达，英风朗烈，道俊薰芳，鲜不玉折。"目录学家、文学家李充则作《九贤论》，将嵇康与郭泰、陈藩等大名士并称，并说："潇潇中散，俊明宣哲，笼罩宇宙，高蹈玄辙。"孙盛作《魏氏春秋》，戴逵作《竹林七贤论》，袁宏《竹林名士传》（已佚失），把嵇康与竹林诸名士并称齐赞。袁宏妻李氏作《吊嵇中散》，悼记嵇康说："嵇中散之为人，可谓命世之杰矣。观其德行奇伟，风韵劭邈，有似明月之映幽夜，清风之过松林。"又说："闻先觉之高唱，理极滞其必宣。候千载之大圣，期五百之明贤。"

在李氏眼里，嵇康的声名无以复加，成了千载难逢、五百年难遇的大圣、明贤。南朝宋颜延之作《五君咏》歌咏竹林七贤，山涛、王戎以贵显被黜，却咏嵇康说："中散不偶世，本自餐霞人。形解验默仙，吐论知凝神。立俗迕流议，寻山洽隐沦。鸾翮有时铩，龙性谁能驯。"将嵇康视为像鸾凤、神龙一样高洁的名士。北齐颜之推《颜氏家训》又屡屡说："嵇叔夜排俗取祸，岂和光同尘之流也""嵇康凌物凶终""嵇康著《养生》之论，而以傲物受刑"。宋傅亮《演甚论》说："夫以嵇子之抗心希古，绝羁独放，五难之根既拔，立生之道无累，人患殆乎尽矣。"江淹《恨赋》说："中散下狱，神气激扬，浊醪夕引，素琴晨张。秋日萧索，浮云无光。郁青霞之奇意，入修夜之不旸。或有孤臣危涕，孽子坠心。迁客海上，流戍陇阴，此人但闻悲风汩起，血下沾衿。亦复含酸茹叹，销落湮沉。"宋季儒胸怀壮志，曾至谯、宋之间，作文凭吊嵇康，甚有理致。梁沈约《七贤论》评价说："嵇生是上智之人，值无妄之日，神才高杰，故为世道所莫容。"梁庾肩吾《赋得嵇叔夜》："山林重名灭，风月临嚣尘，著书惟隐士，谈玄止谷神。"嵇康的形象大约也在南北朝时期得到艺术化的定型，诸如庾信《奉和赵王隐士》说："阮籍惟长啸，嵇康讶一弦。"其《奉和永丰殿下言志十首》又说："阮籍常思酒，嵇康懒著书。"以"琴"之雅致、

"懒"之散漫将嵇康形象艺术化。此外，南京西善桥宫山墓出土的南朝时期的七贤砖画，将春秋时的高士荣启期与嵇康等七人并列，充分展现了南朝时期以嵇康、阮籍为首的竹林七贤在社会上影响之大。

其三，关于嵇康的玄理、诗文、技艺等。向秀《思旧赋》以"博综技艺"评价其博学多才。《世说新语·文学》载王导过江后"止道'声无哀乐''养生''言尽意'三理而已"，其中嵇康得其二理，可见嵇康的理论在东晋名士中影响之大。谢安作书非常自重，却为大书法家王献之书录嵇康的诗歌，也可见谢安对嵇康的崇敬，对其诗歌的心慕。孙绰作《嵇中散传》说："嵇康作《养生论》，入洛，京师谓之神人。"以"才绝、画绝、痴绝"闻世的顾恺之作《竹林七贤图》时，每读嵇康四言诗，心慕不已，感叹"手挥五弦易，目送归鸿难"。此外，拟嵇康诗风的作品也在这一时期不断涌现，诸如女诗人谢道韫的《拟嵇中散咏松》说："遥望山上松，隆冬不能凋。愿想游下憩，瞻彼万仞条。腾跃未能升，顿足俟王乔。时哉不与我，大运所飘飖。"此诗模拟嵇康的《游仙诗》，不仅表达出对嵇康诗文风格的喜好，也与嵇康理想情趣存在心灵上的遥契。齐臧荣绪《晋书》称之为："风姿清秀，高爽任真。博览经籍，无所不见。"南北朝时期文艺批评兴起，诗歌兴盛，从嵇康诗文创作上评价嵇康

185

的观点也屡屡出现。诸如：梁刘勰《文心雕龙》认为："嵇康师心以遣论，阮籍使气以命诗。"钟嵘《诗品》认为嵇康文"颇似魏文"，"叔夜《幽愤》，斯皆五言之警策也"。

隋唐时期，嵇康的影响不亚于魏晋南北朝时期，依然是士人传颂或评价的对象。主要体现在以下方面：

其一，关于嵇康形象、事迹与人格的颂扬。隋唐之际的王绩作《嵇康坐锻赞》说："嵇康自逸，手锻为娱。曲池四绕，垂杨一株。铜烟寒灶，铁焰分炉。箕踞而坐，何其傲乎。"此诗形象地展现了嵇康锻铁时的超然风度。唐修《晋书》广泛吸收和遴选前人记载，形成了目前最为详细的嵇康事迹记述。诸如"恬静寡欲，含垢匿瑕，宽简有大量"，把嵇康宽宏、自然的美质更准确地表现出来。杜甫对嵇康崇拜有加，在多首诗作中颂扬嵇康，诸如：《入衡州》诗说："我师嵇叔夜，世贤张子房。"《遣兴五首》说："昔时贤俊人，未遇犹视今。嵇康不得死，孔明有知音。"《佐还山后寄三首》说："旧谙疏懒叔，须汝故相携。"《寄张十二山人彪三十韵》又说："疏懒为名误，驱驰丧我真。"化用嵇康《与山巨源绝交书》中"性复疏懒"语。杜甫在诗中还常常化用嵇康诗文中出现的"龙""刚肠"等。一生政治颇为失意、志向高远的杜甫深契嵇康的品行，他不仅以张良、诸葛亮比拟嵇康，而且将其视为精神上的导师，在内心深处与之共鸣。此外，在众多的唐诗中，嵇康也被从不同的侧面反复地咏唱。诸如：白居易《读史五首》中说："祸患如棼丝，其来无端绪。马迁下蚕室，嵇康就囹圄。"《和皇甫郎中秋晓同登天官阁言怀六韵》又说："张翰一杯酣，嵇康终日懒。"齐己《拟嵇康绝交寄湘中贯微》说："何处同嵇懒，吾徒道异诸。本无文字学，何有往来书。岳寺逍遥梦，侯门勉强居。相知在玄契，莫讶八行疏。"曹邺《从天平节度使游平流园》说："自怜不羁者，写物心常简。翻愁此兴多，引得嵇康懒。"李山甫《下第卧疾卢员外召游曲江》说："珍重列星相借问，嵇康慵病也天真。"孟郊《乱离》说："子路已成血，嵇康今尚嘘。"《访疾》说："古有焕辉句，嵇康闲婆娑。"苏广文《夜归华川因寄幕府》说："嵇康懒慢仍耽酒，范蠡逋逃又拂衣。"秦系《山中枉皇甫温大夫见招书》说："卧多共息嵇康病，才劣虚同郭隗尊。"

其二，关于嵇康玄理、文章、技艺等评价。王绩作《五斗先生传》说："生何足养，而嵇康著论；途何为穷，而阮籍恸哭？故昏昏默默，圣人之所居也。"王绩立足于老庄的精神境界对嵇康、阮籍作出评判。王维《与魏居士书》说："降及嵇康，亦云'顿缨狂顾，逾思长林而忆丰草'。'顿缨狂顾'，岂与俯受维絷有异乎？长林丰草，岂与官署门栏有异乎？异见起而正性隐，色事碍而慧用微。岂等同虚空、无所不遍、光明遍照、知见独存之旨耶?"深受佛教影响的王维坚持以佛教"虚空"自性的观点否定嵇康诗歌中关于自然性情的论述。王昌龄《就道士问周易参同契》说:"披读了不悟,归来问嵇康。"此诗句形象地表述了嵇康玄理的高妙及嵇康对道教养生理论的深契。卢纶《送李绸》说:"嵇康书论多归兴,谢氏家风有学名。"展现了嵇康文章的特点及其对后世的影响。

在宋明清时期,嵇康的影响虽不如前代,但仍频繁地出现在各种诗文中。主要体现在以下几个方面:

其一,对嵇康诗文的评价、整理。黄庭坚《书嵇叔夜诗与侄榎》认为,嵇康诗"豪壮清丽无一点尘俗气,凡作诗者不可不成诵在心,想见其人虽沉于世故者,然而揽其余芳,便可抹去面上三斗俗尘也,何况探其意味者耶"。黄庭坚以嵇康诗风论人品,赞赏嵇康诗歌豪壮清丽无尘俗气。明王士祯《古夫子听杂录》评价:"'手挥五弦,目送归鸿',妙在象外。"明陆时雍《诗镜总论》认为:"嵇阮多才,然嵇诗一举殆尽。"清陈祚明《采菽堂古诗选》认为:"嵇叔夜诗如独流之泉,临高赴下,其势一往必达,不作曲折萦回,然固澄澈可见。"清沈德潜《古诗源》认为:"叔夜四言诗多俊语,不摹仿三百篇,尤为晋人先声。"清何焯《义门读书记》认为:"四言诗,叔夜、渊明俱为秀绝。"尤为值得注意的是,这一时期，出现了大量的《嵇康集》刻本，诸如吴宽、程荣、黄省曾、张溥、王士贤等均进行了重辑或刊刻，这对日后嵇康研究有深远的意义。

其二，对嵇康形象、气节、人格、事迹等颂扬。宋叶适《避暑录话》说："惟嵇叔夜似真不屈于晋者，故力辞吏部，可见其意，又魏之宗婿，安得保其身？惜其不能深默，绝去圭角，如管幼安，则庶几矣。"宋叶梦得《石林诗话》说："观康上不屈于钟会，肯卖魏而附晋乎？世俗但以迹之近似者取之，概以为'嵇阮'，我每为之太息也。"宋陈亮《三国纪年》说："籍、康以英特之姿，心事荧荧，宜其所甚耻也。而羽翼已成，虽孔孟能动之乎？生死避就之际，固二子之所不屑也。"三人均是极力褒扬嵇康的不屈气节。另外，在宋诗和宋词中也屡屡出现嵇康的身影。诸如李清照《咏史》说："两汉本继绍，新室台赘疣。所以嵇中散，至死薄殷周。"李清照站在忠国的立场上，歌咏嵇康，暗讽司马氏的篡逆行径。这一时期，也存在一些从其他方面歌咏嵇康的诗文。诸如陆游《自嘲》说："华子中年百事忘，嵇生仍坐懒为妨。病于荣宦冥心久，老向端闲得味长。"毛滂《水调歌头》说："谢安涵雅量，叔夜赋刚肠。"陈师道《南乡子》说："洛人谓牡丹为花而不名也。向秀注《庄子》，示嵇康曰：妨人作乐尔。"明宋祁《嵇中散画像诗》说："彼美云章子，倏然天外情。凝眉逐层焘，俯手散余清。霄迥心逾远，徽迁曲暗成。千秋想萧散，方觉绘毫精。"明张居正《七贤人·嵇中散》说："调高岂谐俗，才俊为身患。缠悲幽愤间，结恨广陵散。"清张云璈《选学胶言》说："古今不平之事，无如嵇吕一案。"

近代以来，嵇康也逐渐受到人们的注意。开启先河者当数鲁迅。他在《魏晋风度及文章与药及酒之关系》中说："嵇康的论文，比阮籍更好，思想新颖，往往与古时旧说反对。孔子说：'学而时习之，不亦说乎?'嵇康做的《难自然好学论》，却道，人是并不好学的，假如一个人可以不做事而又有饭吃，就随便闲游不喜欢读书了，所以现在人之好学，是由于习惯和不得已。还有管叔蔡叔，是疑心周公，率殷民叛，因而被诛，一向公认为坏人的。而嵇康做的《管蔡论》，就也反对历代传下来的意思，说这两个人是忠臣，他们怀疑周公，是因为地方相距太远，消息不灵通。但最引起许多人的注意，而且于生命有危险的，是《与山巨源绝交书》中的'非汤武而薄周孔'。司马昭因这篇文章，就将嵇康杀了。……嵇康的见杀，是因为他的朋友吕安不孝，连及嵇康，罪案和曹操的杀孔融差不多。魏晋，是以孝治天下的，不孝，故不能不杀。……嵇康的害处是在发议论。"又说："至于嵇康，一看他的《绝交书》，就知道他的态度很骄傲的；有一次，他在家打铁——他的性情是很喜欢打铁的——钟会来看他了，他只打铁，不理钟会。钟会没有意味，只得走了。其时嵇康就问他：'何所闻而来，何所见而去?'钟会答道：'闻所闻而来，见所见而去。'这也是嵇康杀身的一条祸根。但我看他做给他的儿子看的《家诫》——当嵇康被杀时，其子方十岁，算来当他做这篇文章的时候，他的儿子是未满十岁的——就觉得宛然是两个人。他在《家诫》中教导儿子做人要小心，还列出了一条条的教训。……嵇康自己对于他自己的举动也是不满足的。所以批评一个人的言行实在难，社会上对于儿子不像父亲，称为'不肖'，以为是坏事，殊不知世上正有不愿意他的儿子像自己的父亲哩。试看阮籍、嵇康，就是如此。这是，因为他们生于乱世，不得已，才有这样的行为，并非他们的本态。但又于此可见魏晋的破坏礼教者，实在是相信礼教到固执之极的。"鲁迅的《汉文学史纲要》也受到嵇康《声无哀乐论》的影响，认为嵇康之理"并通于文章"，并以嵇康的理论驳斥那些把《诗经·郑风》当作淫诗的冬烘先生"自心不净，则外物随之"。又在《为了忘却的记念》文末联想到向秀悼嵇康的《思旧赋》说："年轻时读向子期《思旧赋》，很怪他为什么只有寥寥的几行，刚开头却又煞了尾。然而，现在我懂得了。"由于对社会的感触相似，个人性情、精神品质等各方面又产生了深度的契合，鲁迅对嵇康的理解是很深刻的，得出的结论也往往迥异于前人，影响深远。此外，鲁迅坚持十几年，参订各种版本，校定出至今看来也是十分精良的《嵇康集》，对推进嵇康的研究有重要的价值和意义。

自 20 世纪 30 年代以来，随着汤用彤、陈寅恪、侯外庐等学者对魏晋玄学的研究，嵇康作为玄学家的身份及其玄学思想逐渐被深入地挖掘，学术界提出了许多重要论断，将对嵇康的研究推向新阶段。诸如：汤用彤《魏晋玄学论稿》中将嵇康视为反对"名教"的激烈派，"思想比较显著浪漫的色彩，完全表现一种《庄子》学的精神"。侯外庐等人《中国思想通史》中在对嵇康的重要著作进行考辨分析时，认为"嵇康实与阮籍等齐，就思想史的业绩来讲，嵇康却突过阮籍，而也非注《庄子》的向秀所能比拟"，"在嵇康的思想中，世界便分裂为这样的两个，他企图脱离'常'的现实的世界，而向'至'的概念的世界飞升。这样，就可否定客观的存在（外物以累心不存），而只有神气独往独来了"。尤其到 1962 年戴明扬《嵇康集校注》的出版，为嵇康研究提供了目前最好的版本，更进一步促进了嵇康研究的深入，诸多版本的《中国思想史》《中国哲学史》《魏晋玄学史》等设立专章讨论嵇康的思想，也出现多本嵇康研究的专著。时至今日，嵇康不仅成为中国传统文化史上的一道迷人风景，也成为当代人常谈常新的话题！

年　谱

224 年（魏黄初五年）　嵇康生。

225 年（黄初六年）　嵇康父嵇昭卒。

243 年（正始四年）　嵇康与王戎、向秀、吕安等人相交。

244 年（正始五年）　嵇康与阮籍、山涛相交，作《养生论》。

245 年（正始六年）　约在本年前后，嵇康来到洛阳。

246 年（正始七年）　约于本年前后，嵇康作《明胆论》《声无哀乐论》。

248 年（正始九年）　约于本年前后，嵇康娶沛王曹林孙女长乐亭公主。作《酒会诗》，归隐竹林。

249 年（嘉平元年）　约于本年前后，嵇康作《太师箴》《释私论》。

251 年（嘉平三年）　嵇康女儿出生。

255 年（正元二年）　嵇康欲起兵助毌丘俭，被山涛劝阻。

作《卜疑集》。

256 年（甘露元年） 嵇康再次来到京师洛阳。约于本年前后，嵇康作《管蔡论》《难〈宅无吉凶摄生论〉》《答〈释难宅无吉凶摄生论〉》《难自然好学论》等。

257 年（甘露二年） 儿子嵇绍出生。钟会来访，嵇康避难河东，始与孙登、王烈交游。

259 年（甘露四年） 嵇康返回洛阳太学，抄写石经，作《春秋左氏传音》，结交赵至。

260 年（景元元年） 嵇康母卒。嵇康作《思亲诗》。

261 年（景元二年） 山涛首次举荐嵇康。

262 年（景元三年） 嵇康作《与吕长悌绝交书》。

263 年（景元四年） 山涛再次举荐嵇康。嵇康作《与山巨源绝交书》《幽愤诗》《家诫》等。嵇康卒。

主 要 著 作

（一）嵇康的主要论文

1.《养生论》。

2.《答难养生论》。

3.《声无哀乐论》。

4.《释私论》。

5.《明胆论》。

6.《难自然好学论》。

7.《管蔡论》。

8.《难〈宅无吉凶摄生论〉》。

9.《答〈释难宅无吉凶摄生论〉》。

（二）嵇康的主要诗歌

1.《兄秀才公穆入军赠诗十九首》。

2.《幽愤诗》。

3.《述志诗二首》。

4.《游仙诗》。

5.《六言诗十首》。

6.《四言诗十一首》。

7.《思亲诗》。

8.《答二郭三首》。

9.《与阮德如》。

10.《酒会诗》。

11.《五言诗三首》。

12.《杂诗》。

（三）嵇康的其他文章或著作

1.《琴赋并序》。

2.《太师箴》。

3.《卜疑集》。

4.《与吕长悌绝交书》。

5.《与山巨源绝交书》。

6.《家诫》。

7.《春秋左氏传音》。

8.《圣贤高士传赞》。

（四）嵇康著作整理

1.鲁迅辑校:《鲁迅全集》第 9 卷《嵇康集》，人民文学出版社，1973 年。

2.戴明扬校注:《嵇康集校注》，人民文学出版社，1962 年。

3.韩格平注译:《竹林七贤诗文全集译注》，吉林文史出版社，1997 年。

参 考 书 目

1.王晓毅:《嵇康评传》,广西教育出版社,1994年。

2.庄万寿:《嵇康研究及年谱》,学生书局,1990年。

3.童强:《嵇康评传》,南京大学出版社,2006年。

4.张节末:《嵇康美学》,浙江人民出版社,1994年。

5.徐公持:《阮籍与嵇康》,上海古籍出版社,1986年。

6.何启民:《竹林七贤研究》,学生书局,1984年。

7.王晓毅:《儒释道与魏晋玄学的形成》,中华书局,2003年。

8.刘学智、徐兴海:《中国学术思想编年(魏晋南北朝卷)》,陕西师范大学出版社,2006年。

9.侯外庐等:《中国思想通史》(第3卷),人民出版社,1957年。

10.冯友兰:《中国哲学史新编》(第4卷),人民出版社,1986年。

11.牟宗三:《才性与玄理》,学生书局,1985年。

12.汤用彤:《魏晋玄学论稿》,上海古籍出版社,2001年。

13.余敦康:《魏晋玄学史》,北京大学出版社,

2004 年。

14.许抗生主编：《魏晋玄学史》，陕西师范大学出版社，1989 年。

15.康中乾：《魏晋玄学》，人民出版社，2008 年。

16.周海平：《魏晋名士人格演变史》，陕西人民出版社，2008 年。

17.罗宗强：《玄学与魏晋士人心态》，浙江人民出版社，1991 年。